HORA LECTIONIS

HORA LECTIONIS

Die Festtagslesungen der Alten Theologen
aus dem Stundenbuch der Kirche

kommentiert von

Hans Reinhard Seeliger

Verlag Friedrich Pustet Regensburg

Imprimatur
Paderbornae, d. 25. m. Octobris 1990
Kresing, Vicarius Generalis

Den Studenten und Regenten des Mainzer Priesterseminars
1976–1986
in guter Erinnerung

CIP-Titelaufnahme der Deutschen Bibliothek

Hora lectionis : Die Festtagslesungen der Alten Theologen aus dem Stundenbuch der Kirche / kommentiert von Hans Reinhard Seeliger. – Regensburg : Pustet, 1991
Einheitssacht.: Liturgia horarum <Versio Germanica>
ISBN 3–7917–1279–9
NE: Seeliger, Hans Reinhard [Hrsg.]; EST

ISBN 3-7917-1279-9

Umschlagmotiv: Äbtissin Uta von Niedermünster in Regensburg (vgl. S. 19)
Umschlaggestaltung: Peter Loeffler, Regensburg
Gesamtherstellung: Friedrich Pustet, Regensburg
Printed in Germany 1991

Inhalt

Nvllivs est Meriti
Divini Offitii Verbositas

Keinerlei Verdienst stellt es dar,
nur Worte beim Gotteslob zu machen.

Inschrift des Chorgestühls der
Kathedrale von Todi in Umbrien (1530)

Vorwort

Obwohl in diesem Buch Lesungen aus dem Brevier kommentiert werden, wendet es sich nicht allein an die Priester. Das II. Vatikanische Konzil empfahl das Stundengebet „auch den Laien ... sei es mit den Priestern, sei es unter sich oder auch jeder einzelne allein" (Liturgiekonstitution, 100). Dabei ist zwar vornehmlich an das morgendliche und abendliche Gotteslob – Laudes, Vesper und Komplet – gedacht worden, doch bieten gerade die sog. „Väterlesungen" einen Zugang zu geistlichen Reichtümern im Erbe der Kirche, die niemandem vorbehalten sein sollen. „Die Väterlesung führt die Christen in den Sinn der liturgischen Zeiten und Feste ein ... Sie bietet zugleich dem geistlichen Leben Grundlage und der Frömmigkeit reiche Nahrung" (Allgemeine Einführung in das Stundengebet, 165).

Nun kann freilich nicht übersehen werden, daß viele gerade die Lesungen aus den Vätern und Kirchenschriftstellern recht schwierig finden. Sie setzen einiges voraus und werden deshalb oft als sperrig erlebt. Viele versperren sich ihnen deshalb ganz. Um die Klippen zu diesen Texten überwinden zu helfen, ist dieses Buch geschrieben worden, und auch um die Laien, seien sie mehr oder weniger theologisch vorgebildet, für diese Texte zu gewinnen.

Ausgewählt wurden dazu die „Väterlesungen" der Hochfeste des Kirchenjahres, und zwar in der Annahme, daß sowohl die Würde dieser Tage als auch die festtägliche Ruhe den Raum für die Vertiefung in diese Texte mit sich bringen möchten und können. Im Mittelpunkt stehen die uns entferntesten theologischen

Schriftsteller des kirchlichen Altertums sowie des Mittelalters. Neuere Autoren wurden nicht kommentiert.
Herausgekommen ist dabei, wie ich hoffe, eine kleine Einleitung in die Vätertheologie sowie die hoch- und spätmittelalterliche Frömmigkeit. Wer sich für zwei Jahre an den Festtagen des Jahres diesen Texten aussetzt und sie studierend meditiert, erhält eine Einführung in die patristische Theologie und wird vertraut mit ihren Denkmustern und Grundgedanken. Er wird, vielleicht zum eigenen Erstaunen, merken, daß es sich hier um eine in höchstem Maße erfahrungsgesättigte Theologie handelt. Zwar nicht erfahrungsgesättigt im Sinne platter Alltäglichkeit, die ins Stottern kommt, wenn sie benennen soll, wie und wo die religiöse Dimension der Wirklichkeit erfahrbar sei. Den Theologen der Antike und des Mittelalters fiel dies nicht schwer, weil für sie die Welt niemals eindimensional war. Die hier gebotenen Kommentare zur Auswahl aus ihren Werken wollen einsichtig machen für die Tiefschichtigkeit und Tiefsichtigkeit der von den Vätern angebotenen Perspektiven.
Alte, wertvolle Stundenbücher enthielten oft kostbare Miniaturen (vgl. 19. 3.). So ist auch hier jedem Text eine Abbildung beigegeben. Manchmal stellt sie den Autor dar, meist jedoch ist sie der Kunst seiner Zeit entnommen. Die Bilder verstehen sich allerdings nicht einfach als Illustration zum Fest. Das Bild, namentlich im Altertum und Mittelalter, stellte eine eigene, selbständige Wirklichkeit dar. Sie war „wirklicher" als ein Text, nicht nur weil ein Bild optisch unmittelbarer ist. Auch diese Dimension habe ich versucht, kommentierend offen zu legen, zumindest aber anzudeuten, so daß neben der Einführung in die Vätertheologie sich ganz nebenbei auch eine Einführung in die Kunst der alten Christenheit ergibt. Bei all dem fuße ich auf der Arbeit vieler Kollegen, die sich mit den Kirchenvätern und der altchristlichen Kunst befaßt haben, entsprechend dem Genus dieses Buches aber ungenannt bleiben müssen.
Das Buch will dabei nicht einfach eines der vielen Meditationsbücher sein, sondern eine Ergänzung zum Stundengebet der Kirche. Darüber hinaus ist all denen, die es für eine Beschäftigung mit den Väterlesungen des Stundengebets gewinnen kann, ohne daß sie

im eigentlichen Sinne daran teilnehmen, außer dem Kommentar auch ein Vorschlag zum weiterführenden Gebet aus den Psalmen und Hymnen gemacht, die den eigentlichen Kern des Stundengebets bilden. Dessen Liturgie besteht seit alter Zeit aus jeweils drei Elementen: Lesung – Gesang – Gebet. Die Vorschläge aus den Psalmen und Hymnen stehen für das Element des Gesangs. Daß Lesung, Kommentar, Bild und Psalmengesang dann einmünden können in das eigene Gebet und sich vielleicht ein kleines „Gesamtkunstwerk" der Frömmigkeit ergibt, ist die Zuversicht des Autors, denn der Mönch Isaak von Ninive (7. Jh.) schrieb: „Die Seele verarbeitet das Gelesene, wenn sie zum Gebet kommt, und wird im Gebet aus der Lesung erleuchtet" (4. Abhandlung über die religiöse Vollkommenheit).
Für diejenigen, die den Predigtdienst in der Kirche zu versehen haben, mag darüber hinaus noch gelten, was die „Allgemeine Einführung in das Stundengebet" in Aussicht stellt: „Wer das Wort Gottes zu verkünden hat, wird hier täglich neue Beispiele einer geisterfüllten Verkündigung finden" (165).
Ich selbst hoffe, trotz dieses Buches der Mahnung des Mönchsvaters Johannes Cassian gerecht werden zu können: „Das nämlich ist der erste Schritt in dieser praktischen Wissenschaft: die Lehren und Entscheidungen der Väter mit vollkommen wachem Herzen, aber sozusagen stummem Mund annehmen, um sie in der eigenen Brust zu bergen, voller Eifer, diese Worte in die Tat umzusetzen, statt mit ihnen eiligst den Lehrer für andere machen zu wollen. Aus letzterem nämlich wuchert die verderbliche Anmaßung der Ruhmsucht auf, aus ersterem erwachsen die Früchte der geistlichen Wissenschaft" (Collatio XIV, 9).

Siegen, am Gedenktag des Hl. Augustinus, 28. 8. 1990

Hans Reinhard Seeliger

Praktische Hinweise

Die Reihenfolge der Kommentare ist so gestaltet, daß der Beginn mit jedem beliebigen Festtag möglich ist. Die Lesungen aus den Werken der Kirchenväter, Kirchenlehrer und anderer theologischer Schriftsteller sind entsprechend dem Lektionar zum Stundenbuch für die Bistümer des deutschen Sprachgebiets in zwei Jahresreihen aufgeteilt. Die Jahresreihe I wird in Jahren mit ungerader, II in solchen mit gerader Jahreszahl genommen. Wo keine Angabe der Jahresreihe erfolgt, ist die Lesung für beide Jahre identisch.

Bei den in diesem Band berücksichtigten Festtagen stimmen die Lesungen der Jahresreihe I mit denen der *Liturgia Horarum*, dem Römischen Brevier Papst Pauls VI. (Rom ²1985), überein. Für beide Jahresreihen stimmen sie mit dem Monastischen Lektionar für die Benediktiner des deutschen Sprachgebiets (St. Ottilien 1981/82) überein.

Für die Benutzer des „Kleinen Stundenbuchs"(Freiburg u.a. 1982/84), welche – gelegentlich oder häufiger – eine Lesehore nach dem im Anhang abgedruckten Muster beten, können die Kommentare zu den Väterlesungen gleichfalls hilfreich sein und die Auswahl der Lesungen erleichtern.

Die Psalmen zum Gebet derer, die kein Stundenbuch benutzen, sind entsprechend der Einheitsübersetzung bzw. der hebräischen Bibel gezählt; in Klammern die Zählung älterer katholischer Übersetzungen bzw. der Vulgata (Vg.). Die Vorschläge sind so gewählt, daß man zu ihrem Gebet bzw. Gesang auch auf das „Gotteslob" (GL) zurückgreifen kann.

„Halten wir uns nicht an sein erstes Kommen!“

1. Adventssonntag*

Cyrill von Jerusalem († 386): Aus den Katechesen

Das zweifache Kommen Christi

Wir verkündigen das Kommen Christi, nicht bloß das erste, sondern auch das zweite, das weitaus herrlicher ist als das erste. Denn jene erste Ankunft war vom Leiden geprägt, diese zweite aber wird das Diadem göttlicher Herrlichkeit tragen. Vieles ist bei unserem Herrn Jesus Christus zweifach gegeben: die zweifache Geburt, die eine vor aller Zeit aus Gott, die zweite in der Fülle der Zeiten aus der Jungfrau; ein zweifaches Kommen: das eine verborgen, wie der Tau auf das Vlies des Gideon[1], das andere offen vor aller Welt, freilich erst in der Zukunft.
Bei seinem ersten Kommen lag er in Windeln gewickelt in der Krippe; beim zweiten wird er in Licht gekleidet sein wie in ein Gewand[2]. Beim ersten trug er das Kreuz und wehrte sich nicht gegen die Schmach; wenn er das zweitemal kommt, umringt und verherrlicht ihn die Heerschar der Engel.
Darum halten wir uns nicht nur an sein erstes Kommen, sondern erwarten auch das zweite. Wie wir beim ersten gerufen haben: „Hochgelobt sei, der da kommt im Namen des Herrn“[3], so werden wir es auch beim zweiten tun. Mit den Engeln werden wir dem Herrn entgegenziehen, ihm huldigen und rufen: „Hochgelobt sei, der da kommt im Namen des Herrn.“
Der Retter wird kommen, aber nicht um sich ein zweites Mal richten zu lassen, sondern um die zu richten, die über ihn zu Gericht gesessen haben. Beim erstenmal hat er geschwiegen, als man ihn richtete. Dann aber wird er denen, die sich gleich Verbrechern gegen ihn verschworen hatten, ihre Untat vor Augen halten, jene Untat nämlich, daß sie ihn unter das Kreuz zwangen. Er wird

ihnen sagen: „Das hast du getan, und ich habe geschwiegen."[4] Damals kam er, dem göttlichen Heilsplan entsprechend, um die Menschen zu lehren und zu überzeugen; dann aber werden sie seiner Herrschaft unterworfen werden, auch wider ihren Willen. Von dem zweimaligen Kommen spricht der Prophet Maleachi: „Plötzlich kommt der Herr zu seinem Tempel, der Herr, den ihr sucht." Damit ist das erste Kommen gemeint. Dann sagt er von dem zweiten Kommen: „Dann kommt der Bote des Bundes, den ihr herbeiwünscht. Seht, er kommt!, – spricht der Herr der Heere. Doch wer erträgt den Tag, an dem er kommt? Wer kann bestehen, wenn er erscheint? Denn er ist wie das Feuer im Schmelzofen und wie die Lauge im Waschtrog. Er setzt sich, um das Silber zu schmelzen und zu reinigen."[5]

Auch Paulus deutet auf das zweimalige Kommen hin, wenn er an Titus schreibt: „Die Gnade Gottes ist erschienen, um alle Menschen zu retten. Sie erzieht uns dazu, uns von der Gottlosigkeit und den irdischen Begierden loszusagen und besonnen, gerecht und fromm in dieser Welt zu leben, indem wir auf die selige Erfüllung unserer Hoffnung warten: auf das Erscheinen der Herrlichkeit unseres großen Gottes und Retters Christus Jesus."[6] Paulus spricht – wie du siehst – zunächst von einem ersten Kommen, für das er dankt, dann von einem zweiten, auf das wir warten.

Darum lautet die überlieferte Glaubensregel: Wir glauben an den, „der in den Himmel aufgefahren ist und zur Rechten des Vaters sitzt. Er wird wiederkommen in Herrlichkeit, zu richten die Lebenden und die Toten, seiner Herrschaft wird kein Ende sein".

Unser Herr Jesus Christus wird also vom Himmel her kommen. Er wird kommen in Herrlichkeit am Jüngsten Tag, am Ende der Welt. Damit wird diese Welt an ihr Ende gelangt sein, und wenn das geschehen ist, wird sie wieder neu.

* Um das Kirchenjahr gebührend zu eröffnen, wurde, auch wenn dieser Sonntag kein Hochfest darstellt, eine Lesung abgedruckt und kommentiert. Sie stammt aus der II. Jahresreihe.

[1] Vgl. Ri 6,36–40. [2] Vgl. Ps 104,2. [3] Mt 21,9 par. [4] Ps 50,21 (Vg.).
[5] Mal 3,1–3. [6] Tit 2,11–13.

Zur Abbildung: *Als die hl. Melania d. Ä., eine römische Patrizierin, die in Jerusalem ein Kloster gegründet hatte, im Jahre 400 ihren Cousin Paulinus, Bischof von Nola, und früherer Statthalter von Campanien, besuchte, brachte sie ihm als überaus kostbares Gastgeschenk eine Kreuzreliquie mit. Dies war für ihn der Anlaß, die Apsis der Basilica Apostolorum in Nola mit einem Mosaik zu schmücken, das auf die neue Reliquie Bezug nahm.*
Ein ähnliches Apsisbild war für die Kirche von Fundi (Fondi) in derselben Provinz in Planung. Ob es je fertig wurde, wissen wir nicht. Aber es kann aus der Beschreibung Paulins rekonstruiert werden (s. Abb.). Auf dem Thron des Richters steht das Kreuz als Siegeszeichen und davor das apokalyptische Lamm auf dem Paradiesberg mit den vier Flüssen. Es scheidet Schafe und Böcke. Darüber ist die Hand des Vaters und die Taube des Geistes zu sehen. Rechts und links bringen zwei Märtyrer, die ihre Passion durchlitten haben, ihre Krone (Kranz). Paulinus schrieb dazu: „Leid und Lohn der Heiligen sind gerechterweise miteinander verbunden: das hochragende Kreuz und der erhabene Lohn des Kreuzes, der Kranz."
Die Vermutung liegt nahe, daß das Bild von einer (verlorenen) Darstellung in der Grabeskirche in Jerusalem beeinflußt ist, wo Cyrill seine Katechesen hielt. Prof. Dr. Josef Engemann (Bonn) schreibt zu seiner Rekonstruktion des Bildes in Fundi: Es zeige „die verschiedensten zeitlichen Dimensionen: die Überzeitlichkeit des trinitarischen Gottes wird ebenso angesprochen wie die zeitliche, irdische Passion Christi, seiner Heiligen und der Gläubigen; die zeitlose Herrlichkeit Christi ebenso wie seine Wiederkehr zum Endgericht. Keine dieser Zeitstufen wird als beherrschend hervorgehoben, dadurch, daß die Gläubigen (die Märtyrer also) in der Nachfolge Christi und beim Endgericht erwähnt werden, ist ein gegenwärtiger und ein endzeitlicher Bezug zum Beschauer des Bildes gegeben" (Jahrbuch für Antike und Christentum 17, 1974, S. 33).
So ist das Bild eine gute Erläuterung zu der Zeitspanne, die insgesamt „Advent" heißt.

Die Katechesen Bischof Cyrills von Jerusalem, den Papst Leo XIII. 1883 zum Kirchenlehrer ernannte, gehören heute sicher zu den bekanntesten, vielleicht sogar beliebten Werken der patristischen Literatur. Wahrscheinlich ist der Grund dafür, daß hier ein Bischof unmittelbar bei seiner pastoralen Tätigkeit zu beobachten ist.
Seit dem Konzil von Nizäa (325) hatte der Bischofssitz von Jerusalem einen besonderen Ehrenvorrang, auch wenn er rechtlich dem Metropoliten von Palästina in Caesarea am Meer unterstand. Da indes Cyrill, der 348 (oder 350) Bischof geworden war, die Selbständigkeit seines Sitzes zu fördern suchte, kam es mit dem Metropoliten von Caesarea zu Differenzen. Zwischenzeitlich war Cyrill als Bischof von Jerusalem abgesetzt.
Die Katechesen stammen aus der ersten Zeit seines bischöflichen Wirkens, zumindest die ersten 19 der insgesamt 24. Lange Zeit hat man gedacht, sie seien von einem Stenographen mitgeschrieben worden. Heute herrscht der Eindruck vor, daß es sich um Entwürfe zu einem Unterrichtsplan für die Katechumenen handelt, nach dem Cyrill und noch sein Nachfolger Johannes verfahren sind.
Die Taufbewerber zu unterrichten war die Aufgabe des Bischofs selbst. Dies geschah während der vorösterlichen Fastenzeit, und im Mittelpunkt stand das in Jerusalem gebräuchliche Glaubensbekenntnis, welches vom Bischof fortlaufend erläutert wurde. Im vorletzten Absatz erwähnt es Cyrill direkt, welchen Absatz der überlieferten „Glaubensregel" (regula fidei / Kanon des Glaubens) er dabei ist, zu erläutern: Den Glauben an die Aufnahme Jesu Christi in den Himmel, die Verherrlichung beim Vater und seine Einsetzung zum künftigen Richter und Herrscher der Lebenden und Toten.
Diese Thematik aus dem Unterricht der Taufbewerber in der Fastenzeit ist mit diesen Auszügen aus der 15. Katechese für uns in die Adventszeit gesetzt. Erneut soll daran erinnert werden, daß diese Zeit, recht besehen, nicht die Zeit der Vorbereitung auf eine Idylle ist, bei der das Krippenkind in der Mitte steht. Die Adventszeit will die Spannung ins Gedächtnis rufen, in der, nach der Auffassung des Glaubens, unsere Zeit steht. Die Dramaturgie

zwischen „dem ersten“ und „dem zweiten“ wird entfaltet, das Stück wird erläutert, in dem wir unsere Rolle spielen: wartend. Manchmal scheint es, als geriete dieses Warten zur unendlichen Langeweile und als sei dieser Warteraum unsäglich triste. Zeigt aber nicht gerade das, wie sehr diese Welt „wieder neu“ werden muß? Wird es bei diesem Gedanken nicht doch spannend?

Psalm 24 (23) (GL 122)

„Segen für die ganze Natur“

Hochfest der ohne Erbsünde empfangenen Jungfrau und Gottesmutter Maria (8. Dezember)

Anselm von Canterbury († 1109): Aus einer Rede

O Jungfrau, durch deren Segen die ganze Natur geheiligt ist!

Himmel und Sterne, Erde und Flüsse, Tag und Nacht, alles, was bestimmt ist, dem Menschen untertan zu sein und ihm Nutzen zu bringen, sie alle beglückwünschen sich, Herrin, daß sie durch dich zu der verlorenen Schönheit von einst wiedererweckt und mit einer neuen, unsagbaren Gnade beschenkt sind.

Sie alle waren geschaffen, den Menschen, die Gott loben, untertan zu sein und ihnen zu dienen. Aber diese Würde war verlorengegangen, und sie alle waren wie tot; sie waren unterdrückt und verdorben durch die Götzendiener, für die Gott sie nicht gemacht hat. Nun sind sie zu dieser Würde gleichsam wiedererweckt und freuen sich ihrer, da sie nun wieder unter der Herrschaft derer stehen, die Gott loben, und wieder den Menschen dienen dürfen.

Sie jubeln aber auch über die neue und unschätzbare Gnade: Gott selbst, ihren Schöpfer, spüren sie nicht nur als unsichtbaren König und Herrscher über sich, sondern sie erblicken ihn sichtbar in ihrer Mitte, wie er Gebrauch von ihnen macht und sie heiligt. Diese große Gnade kommt von der gebenedeiten Jungfrau Maria.

Durch die Fülle deiner Gnade fühlen sich jene befreit, die in der Welt des Todes waren, und jene, die über der Welt sind, freuen sich ihrer Wiederherstellung. Denn durch den ruhmvollen Sohn deiner ruhmvollen Jungfrauschaft jubeln alle Gerechten, die vor seinem lebenspendenden Tod gestorben sind, weil er ihr Gefängnis aufgebrochen hat. Die Engel freuen sich, weil ihre halbzerstörte Stadt wiederaufgebaut ist.

O Frau, voll und übervoll der Gnade, von deiner überströmenden Fülle ist die ganze Schöpfung benetzt und prangt in frischem Grün. Du Gesegnete, in höchstem Maß gesegnete Jungfrau! Der Segen über dir ist Segen für die ganze Natur. Gesegnet ist die Schöpfung vom Schöpfer und gepriesen durch seine Schöpfung.
Gott hat Maria seinen einzigen wesensgleichen Sohn gegeben, den er aus seinem Herzen zeugt, den er liebt wie sich selbst. Aus Maria schuf er sich den Sohn, nicht einen andern, sondern ebendiesen. So ist der eine und gleiche Jesus wesenhaft der gemeinsame Sohn Gottes und Marias. Alle Geschöpfe sind von Gott gemacht, und Gott ist aus Maria geboren. Gott hat alles geschaffen, und Maria hat Gott geboren. Gott hat alles gemacht, und sich selbst hat er aus Maria gebildet. So hat er alles, was er schuf, neu geschaffen. Der die Macht hat, alles aus dem Nichts zu schaffen, wollte die verwundete Schöpfung nicht ohne Maria wiederherstellen.
Gott ist also Vater der geschaffenen Dinge, Maria die Mutter der neugeschaffenen. Gott ist Vater, der alles begründete, Maria die Mutter, die es wiederbegründete. Denn Gott zeugte den Sohn, durch den alles geschaffen ist[1], Maria gebar ihn, durch den alles gerettet wurde. Gott zeugte den, ohne den überhaupt nichts ist, Maria gebar den, ohne den nichts so ist, wie es sein sollte.
Wahrhaftig! Der Herr ist mit dir, da der Herr dir die ganze Schöpfung mit seiner Person so sehr zur Schuldnerin gemacht hat.

[1] Joh 1,3

Kommentar

Was hier „Rede“ überschrieben ist, ist mehr als dies, ist in Wirklichkeit ein Gebet. „Oratio“ kann beides bedeuten, feierliche Rede wie Oration. Es ist eine Rede, die zum Gebet an die Gottesmutter wird, ein Gebet freilich, das voller theologischer Gedanken steckt.
In einer recht weiten Auslegung des Schöpfungsbefehls (Gen 1,26–28) schreibt Anselm, eigentlich hätte die ganze Natur, „Himmel und Sterne, Erde und Flüsse, Tag und Nacht“, dem Menschen untertan sein sollen. Nun aber sei die Natur „unterdrückt und

verdorben durch die Götzendiener". Damit sind die Menschen gemeint, genauer der Mensch, der als Krone der Schöpfung über das kostbarste Werk des Schöpfers verfügt, den freien Willen, den ihm Gott gegeben hat, der jedoch falsch gebraucht werden kann durch Abwendung vom Schöpfer. Dann aber gerät die ganze Schöpfung, ursprünglich von Gott aus dem Chaos geführt, erneut in Unordnung. So sehr, daß auch die Welt der Engel, auch sie ja ein Teil der Schöpfung, halbzerstört ist.

Noch einmal rettet Gott seine Welt. „Alles, was er schuf, hat er neu geschaffen." Dieses zweite Mal wurde er selbst Teil der geschöpflichen Natur, um sie dadurch „von innen heraus" zu heilen. Maria gebar ihn und gab ihm dabei die menschliche Natur.

Anselm betont an anderer Stelle, daß dafür das Festgeheimnis des heutigen Tages grundlegend war. Maria erhielt dazu Erlösungsgnade: Freiheit von Sünde, Reinheit, Heiligkeit. Die Fülle der ihr mitgeteilten Gnade war Voraussetzung der Menschwerdung des Sohnes und damit der Wiederherstellung des rechten Verhältnisses von Mensch und Gott.

Hatte aber die Störung dieses Verhältnisses die Beziehung der *ganzen* Schöpfung zu ihrem Ursprung in Ordnung gebracht, so heilt die Menschwerdung des Sohnes nun auch diese. „Himmel und Sterne, Erde und Flüsse, Tag und Nacht", die, vom Menschen unterdrückt, ihren Schöpfer nicht mehr loben konnten (wiewohl das ihr eigentliches Ziel ist: vgl. den Lobgesang der drei Jünglinge im Feuerofen Dan 3,57–88), werden nun „gleichsam wiedererweckt" und freuen sich.

Wissen wir heute noch von dieser kosmischen Dimension der Erlösung? In einer Zeit, die heilsindividualistisch denkt, scheint sie weitgehend außer Blick geraten. Und doch sind die Nöte der Natur und der Welt unter der Herrschaft des Menschen greifbarer denn je. So lenkt dieser Text unsere Aufmerksamkeit darauf, daß mit Erlösung stets Erlösung *des Ganzen* gemeint war und ist, daß sie jedoch klein anfängt: in der Zeugung und der Empfängnis eines kleinen Mädchens, dem alle nur erdenkliche Gnade zugewandt wurde, damit noch Größeres werden konnte.

Psalm 19 (18A/B) (GL 713/714)

Zur Abbildung: *Zu Anfang des 11. Jahrhunderts gab die Äbtissin von Niedermünster in Regensburg, Uta von Kirchberg, bei den benachbarten Mönchen von St. Emmeram ein kostbares Evangelistar in Auftrag. Links unten überreicht sie es der Gottesmutter. Die Maler in St. Emmeram pflegten damals ihre Miniaturen durch allerlei Beischriften theologisch zu erläutern. Und so sind Maria in der Sphäre über dem Kopf neben ihrem Monogramm (alle Buchstaben des Namens sind dort in antiker Weise verschlungen;* „sancta" *– heilig – umfaßt ihn) mitgegeben: der alte, griechisch geschriebene Titel „Gottesgebärerin"* (Theotokos)*; die Ehrenbezeichnung „Jungfrau der Jungfrauen", vor allem aber „Meerstern"* (stella maris), *Sonne und Mond. Als sei die kosmische Bedeutung dieser Frau für das Heilsgeschehen dadurch noch nicht eindeutig genug betont, ist darüber hinaus hinzugefügt: Herrin der Welt* (domina mundi). *(Daß die Meerstern-Allegorie auf einer falschen Etymologie von „Maria" beruht, ist hier belanglos.) Im rahmenden Kreis steht zu lesen: „Hier bin ich, die Jungfrau, die Gott geboren hat durch den Geist aus der Höhe. Was der Geburt folgt, blieb mir vollständig erspart."* (Hinc ego virgo deum genui per pneuma supernum. Quod sequitur partum de me scitote remotum.)

„Du bist der göttlichen Natur teilhaftig geworden“

Hochfest der Geburt des Herrn (Weihnachten)

Leo der Grosse († 461): Aus einer Weihnachtspredigt

Christ, erkenne deine Würde!

Laßt uns froh sein: Heute ist unser Retter geboren, Traurigkeit hat keinen Raum am Geburtstag des Lebens, das uns die Angst vor dem Sterben genommen hat und uns die Freude über die verheißene Ewigkeit bringt.

Niemand wird von der Fröhlichkeit ausgeschlossen, alle haben den einen Grund zur Freude gemeinsam: Denn unser Herr, der Sünde und Tod vernichtet hat, fand keinen, der von Schuld frei war. Deshalb kam er, um alle zu befreien. Der Heilige jubele, weil ihm die Siegespalme winkt. Der Sünder freue sich, weil er zur Versöhnung eingeladen ist. Der Heide atme auf; denn er ist zum Leben gerufen.

Die Fülle der Zeit ist gekommen, die Gottes unerforschlicher Ratschluß festgesetzt hat: Der Sohn Gottes hat die Natur des Menschengeschlechts angenommen, um sie mit ihrem Schöpfer zu versöhnen und den Urheber des Todes, den Teufel, durch eben jene Natur zu besiegen, durch die er einst selbst gesiegt hat.

Die jubelnden Engel singen bei der Geburt des Herrn: „Ehre sei Gott in der Höhe!“, und auf Erden wird den Menschen seiner Gnade Friede verkündet[1]. Denn die Engel sehen, wie aus allen Völkern der Erde das himmlische Jerusalem erbaut wird. Wie sehr muß sich der geringe Mensch über dieses Werk der unsagbaren Güte Gottes freuen, wenn schon die erhabenen Engel vor Freude jubeln.

Laßt uns also Gott dem Vater danken durch seinen Sohn im Heiligen Geist, daß er uns in seiner übergroßen Huld geliebt und

sich unser erbarmt hat; wir waren durch unsere Sünden tot, aber er hat uns zusammen mit Christus wieder lebendig gemacht[2], um uns in ihm zu einer neuen Schöpfung[3], zu einem neuen Menschen zu machen. Laßt uns also den alten Menschen mit seinen Werken ablegen[4], und da wir an der Geburt Christi teilhaben, laßt uns den Werken des Fleisches entsagen.
Christ, erkenne deine Würde! Du bist der göttlichen Natur teilhaftig geworden[5], kehre nicht zu der alten Erbärmlichkeit zurück und lebe nicht unter deiner Würde! Denk an das Haupt und den Leib, dem du als Glied angehörst! Bedenke, daß du der Macht der Finsternis entrissen und in das Licht und das Reich Gottes aufgenommen bist[6]. Durch das Sakrament der Taufe wurdest du ein Tempel des Heiligen Geistes. Verjage nicht durch deine Sünden den hohen Gast, der in dir Wohnung genommen hat. Unterwirf dich nicht wieder der Knechtschaft Satans; denn der Preis für deine Freiheit ist das Blut Christi.

[1] Vgl. Lk 2,14. [2] Vgl. Eph 2,5. [3] Vgl. 2 Kor 5,17. [4] Vgl. Eph 4,22.
[5] Vgl. 2 Petr 1,4. [6] Vgl. Kol 1,13.

Kommentar

Die Predigten zum Weihnachtsfest sind heute oftmals beherrscht von einer etwas schmalbrüstigen Auslegung des theologischen Zentrums dieses Festes der Menschwerdung Gottes. Die Inkarnation wird nicht selten recht einlinig betrachtet und deshalb in ihren Konsequenzen kaum ausgedeutet. Gedacht wird daran, daß Gott unter ungünstigen Umständen Mensch geworden ist; er wurde ein Kind, armselig wie die Menschenbabies nun einmal sind, der Nachwuchs einer Gattung, die notwendig viel Brutpflege braucht. Daß Gott so *Mensch* geworden ist, ist freilich, wie uns Leo der Große eindrücklich belehrt, nur die *eine* Seite. Wer hier stehen bleibt, verschweigt die Sinnspitze von Weihnachten und bleibt nicht selten im Rührseligen stecken.
Die *andere* Seite davon ist, daß dies geschah, damit der Mensch nun Anteil habe an Gott. Basilius der Große († 379) drückt das einmal

ganz drastisch aus: Das höchste Ziel unserer Erlösung ist es, „Gott zu werden" (vgl. „Über den hl. Geist" IX, 23). Die Inkarnation, das Festgeheimnis von Weihnachten, ist ein sacrum commercium, ein heiliger Tausch: Gott wird *Mensch*, damit der Mensch die Möglichkeit erhält, *Gott* ähnlich zu werden, Anteil an ihm zu erhalten.
Dieser zentrale Gedanke der antiken Theologie, ohne den der Text Leos d. Gr. unverständlich bleibt, mag dem modernen Menschen einigermaßen fremd vorkommen, vielleicht sogar ein wenig blasphemisch; wer will schon „Gott ähnlich werden"? Unter den vielen Idealen christlicher Religion, die auf unsere Zeitgenossen oft so unzeitgemäß wirken, scheint die Zielvorgabe unserer „Vergöttlichung" (so hat es die griechische Theologie in der Tat ausgedrückt, wenn sie das Gott-ähnlich-Werden und das Anteil-an-ihm-Gewinnen meinte) die anachronistischste zu sein.
Und doch: „den alten Menschen abzustreifen" und „den neuen anzuziehen" (Eph 4,22–24), das wäre nicht möglich ohne die Menschwerdung Gottes. Die Menschwerdung machte die Menschennatur wieder lebendig, als sie schon tot war. Die Geburt Jesu war deshalb der Beginn der neuen Schöpfung. In der Inkarnation Gottes steckt seitdem die explosive Kraft der Befreiung der alten Menschennatur von ihren Defiziten, weil jene in der Gestalt des Menschgewordenen einmal und grundsätzlich repariert worden ist. Er aber will daraufhin uns heil machen, indem er sakramental in uns wohnt, will mit seiner heilen Natur unsere beschädigte durchdringen, uns kurieren, stark machen, an sich heranziehen, ihr Anteil an seiner Göttlichkeit geben.
Das ist das Geheimnis des Weihnachtsfestes in der Vorstellung Leos. Das alles ist es, was im Kind der Maria grundgelegt ist. All das ist gar kein Anlaß für Sentimentalität und Gefühlsduselei. Das alles ist, theologisch betrachtet, wie Leo es tut, eigentlich ein geradezu erschreckendes Ereignis von weltgeschichtlicher Dramatik: ein Wendepunkt, kein Genrebild!

CANTICUM Kol 1,12–20 (GL 154)

Zur Abbildung: *Das Innere der Basilika „St. Paul vor den Mauern" Roms nach einem Kupferstich Giambattista Piranesis (1720–78). St. Paul brannte 1823 fast vollständig aus. Dabei wurden auch die Teile der Ausstattung zerstört, die Papst Leo d. Gr. hatte anbringen lassen, vor allem das Mosaik mit dem großen leuchtenden Brustbild Christi auf dem Triumphbogen am Ende des Mittelschiffs und die Reihe der Papstportraits über den Säulenarkaden.*
Das Bild, welches die restaurierte Paulsbasilika heute bietet, ist nurmehr unvollkommen in der Lage, einen Eindruck von der ehemaligen Schönheit des Raumes zu bieten. Vor allem das Triumphbogenmosaik Leos ist leider ganz verdorben. Es war das einzige noch erhaltene Monument, das direkt auf ihn zurückgeführt werden konnte.

„Als der Erlöser wahrer Mensch wurde, erlangte der ganze Mensch das Heil“

Hochfest der Gottesmutter Maria (1. Januar)

ATHANASIUS († 373): Aus dem Brief an Epiktet

Dem ganzen Menschen ist Heil widerfahren

Der Apostel sagt, das Wort habe sich der Nachkommenschaft Abrahams angenommen. Es mußte darum in allem seinen Brüdern gleich sein[1] und einen uns ähnlichen Leib annehmen. Eben dafür war Maria erwählt: Von ihr sollte er ihn nehmen und als seinen eigenen für uns opfern. Die Schrift erwähnt die Geburt und sagt: „Sie wickelte ihn in Windeln“[2]; die Brust, die ihn stillte, wird seliggepriesen[3], und weil er der Erstgeborene war[4], wird für ihn das Opfer dargebracht. Gabriel übermittelte ihr zurückhaltend und klug die Botschaft[5]. Er sagte nicht einfach: „Was in dir wird“, damit man nicht meint, der Leib werde von außen in sie hineingebracht. Er sagt vielmehr: „aus dir“; denn dies sollte der Glaube sein: „Was da gezeugt wird, hat seinen Ursprung aus ihr.“

Das war die Absicht: Das Wort nahm das Unsrige an und brachte es als Opfer dar und nahm es damit gänzlich hinweg. Als er uns dann mit dem Seinigen bekleidete, konnte der Apostel schreiben: „Dieses Vergängliche muß sich mit Unvergänglichkeit bekleiden und dieses Sterbliche mit Unsterblichkeit.“[6]

Das ist keine erdichtete Annahme, wie einige gemeint haben. Keineswegs! Als vielmehr der Erlöser wahrer Mensch wurde, erlangte der ganze Mensch das Heil. Unser Heil ist wahrlich keine erdichtete Sache, und es geht nicht bloß den Leib, sondern den ganzen Menschen an. Leib und Seele ist im Wort Heil widerfahren.

Was aus Maria gemäß der Schrift hervorging, war seinem Wesen nach ein wirklicher Mensch, und es war der wahre Leib des Herrn.

Wirklich: ein wahrer Leib war es, weil er dem unsern gleich war. Denn Maria ist unsere Schwester, weil wir alle von Adam abstammen.
Wenn es bei Johannes heißt: „Das Wort ist Fleisch geworden“[7], so ist damit dasselbe gemeint, wie wenn Paulus sagt: „Christus hat für uns den Fluch auf sich genommen.“[8] Dem menschlichen Leib ist aus der Gemeinschaft mit dem Wort großer Reichtum zugewachsen: denn aus dem sterblichen Leib wurde ein unsterblicher; er war ein irdischer Leib und wurde ein überirdischer[9]; er war aus Erde gemacht und durfte dennoch das Tor des Himmels durchschreiten. Die Dreieinigkeit bleibt immer Dreieinigkeit, auch nachdem das Wort aus Maria Fleisch angenommen hat, und sie erfuhr weder Zuwachs noch Minderung; sie ist vielmehr immer vollendet, und in der Dreieinigkeit wird der eine Gott erkannt. So wird von der Kirche verkündet: ein Gott, der Vater des Wortes!

[1] Vgl. Hebr 2,16–17. [2] Lk 2,7. [3] Vgl. Lk 11,27. [4] Lk 2,7.
[5] Lk 1,35. [6] 1Kor 15,53. [7] Joh 1,14. [8] Vgl. Gal 3,13. [9] Vgl. 1 Kor 15,44.

Kommentar

Eine Geburt und ein Säugling sind etwas sehr Direktes, Körperliches, Unmittelbares. Windeln trug das Jesuskind, und die Brust, die es säugte, offen darzustellen, haben frühere Jahrhunderte sich nicht gescheut.
Sehr direkt muß auch dieser Text erklärt werden. Zeugung und Empfängnis stellten sich die Menschen der Antike landläufig meist ganz anders vor als wir, die wir im zweifachen Wortsinn längst „aufgeklärt“ sind. Meist dachte man sich den Vorgang höchst patriarchalisch: Der väterliche Samen enthält alles, was für die Erschaffung eines Menschen nötig ist; in ihm steckt bereits das künftige Kind in mikroskopischer Form mit Leib und Geist. Die Mutter ist nur der Verwahrungsort während der Schwangerschaft. Ihr Einfluß auf das heranwachsende Kind ist dabei mit dem des Ackerbodens auf den Samen der Pflanzen zu vergleichen, weshalb Uterus in ganz ursprünglicher Bedeutung die „Erdhülle“ heißt.

Auf der Basis solcher Vorstellungen war es schwer begreifbar, wie Gott aus Maria wahrer Mensch geworden sein könne, da sie doch keinen Mann „erkannt" hatte! Wer immer dachte, daß Gott in sie Jesus auch als Menschen ganz „gepflanzt" hätte, der war nahe daran, über die Menschheit Jesu falsche Vorstellungen zu entwikkeln.

Dies ist der Sinn der Worte, wenn Athanasius an Bischof Epiktet von Korinth schreibt: „Gabriel übermittelte ihr zurückhaltend und klug die Botschaft. Er sagt nicht einfach: ‚Was *in* dir wird', damit man nicht meint, der Leib werde von außen in sie hereingebracht. Er sagt vielmehr: ‚*aus* dir'; denn dies sollte der Glaube sein: ‚Was da gezeugt wird, hat seinen Ursprung *aus* ihr'."

Hier wird die gewöhnliche Vorstellung von der Frau als der beim Werden eines neuen Menschen nur passiv Beteiligten beiseitegeschoben und aufgebrochen. Wieweit Athanasius die Position eines wirklich paritätischen Zusammenwirkens von Vater und Mutter vertrat, wird aus dem Text nicht klar und ist auch nicht sein Thema. In jedem Fall aber ist das empfangene Kind ein Teil des Körpers seiner Mutter.

Dies hat tiefe theologische Bedeutung. Denn dann, und nur dann, kann daran festgehalten werden, daß der Erlöser unsere Menschennatur wirklich angenommen hat, als Mensch gestorben ist, leiblich auferstand und so alle Makel dieses Menschseins hinwegnahm. Virtuell ist damit der Mensch, deren einer Jesus war, erlöst.

Ein neues Jahr „nach Christus" hat angefangen; ein weiteres Jahr, um dieses Geheimnisses tiefer inne zu werden!

PSALM 98 (97) (GL 484)

Zur Abbildung: *Als älteste Darstellung Marias gilt gemeinhin dies Fresko in der Priscillakatakombe im Norden Roms. Es wird gewöhnlich ins 3. Jahrhundert datiert. Leider ist die Darstellung durch das Herunterbrechen von Teilen des bemalten Putzes nicht vollständig erhalten.*
Ein Baby sitzt auf dem Schoß seiner Mutter, einer verschleierten, d. h. verheirateten Frau. Es hat seine rechte Hand auf die Brust der Mutter gelegt und schaut recht keck über die Schulter den Betrachter an. Von der einfachen Darstellung einer Mutter mit ihrem Kind wäre die Szene nicht zu unterscheiden, stünde nicht links ein Mann, der mit ausgestrecktem Zeigefinger auf einen Stern über dem Haupt der Mutter hinweist (der Stern ist als gelblich-grüner Fleck nurmehr bei genauer Betrachtung gut sichtbar). Er ist der Prophet Bileam, der einst, als Israel das gelobte Land erreichte, als Orakel verkündet hatte:

„Ich sehe ihn, aber nicht jetzt,
ich erblicke ihn, aber nicht in der Nähe:
Ein Stern geht in Jakob auf!“ (Num 24,17)

Matthäus spielt bekanntlich in seiner Kindheitsgeschichte darauf an.

„In den drei Weisen sollen alle Völker den Schöpfer der Welt anbeten“

Erscheinung des Herrn (Hochfest, 6. Januar)

Leo der Grosse († 461): Aus einer Predigt an Erscheinung des Herrn

Gott hat der ganzen Welt sein Heil kundgetan

Huldvoll gedachte die Vorsehung Gottes, der untergehenden Welt in der Endzeit zu Hilfe zu kommen, und bestimmte in Christus das Heil für alle Völker vorher.

Aus allen Völkern hatte Gott dem Patriarchen Abraham Nachkommenschaft ohne Zahl versprochen, die nicht aus leiblicher Zeugung, sondern aus der Fruchtbarkeit des Glaubens stammen sollte. Er verglich sie mit der Menge der Sterne; denn man sollte von dem Vater aller Völker nicht irdische, sondern himmlische Nachkommen erwarten.

Eintreten, ja eintreten sollen die Völker in die Familie der Patriarchen und als Kinder der Verheißung aus dem Nachkommen Abrahams den Segen des Stammvaters empfangen, von dem sich die leiblichen Kinder lossagen. In den drei Weisen sollen alle Völker den Schöpfer der ganzen Welt anbeten, und nicht bloß in Judäa soll Gott verkündet werden, sondern auf der ganzen Erde, damit überall „sein Name groß ist in Israel“[1].

In diese Geheimnisse der göttlichen Gnade eingeweiht, wollen wir mit geistlicher Freude den Tag feiern, an dem wir unsere Erstlingsgaben brachten und an dem die Berufung der Heiden begann. Wir wollen dem barmherzigen Gott danken, denn, wie der Apostel sagt, „hat er uns würdig gemacht, Anteil zu haben am Los der Heiligen, die im Licht sind. Er hat uns der Macht der Finsternis entrissen und aufgenommen in das Reich seines geliebten Sohnes.“[2] So sagt ja der Prophet Jesaja: „Das Volk, das im Dunkeln lebt, sieht ein helles Licht; über denen, die im Land der Finsternis wohnen, strahlt ein Licht."[3] Von ihnen sagt er zu Gott: „Völker, die dich nicht kennen, werden zu dir rufen, und Völker, die dich nicht kennen, flüchten zu dir."[4]

Diesen Tag sah Abraham und freute sich[5], als er die Kinder seines Glaubens erkannte, die in seinem Nachkommen, das heißt in Christus, gesegnet werden sollten, und als er voraussah, daß er durch den Glauben Vater aller Völker sein werde[6]. „Er lobte Gott, fest überzeugt, daß Gott die Macht besitzt, zu tun, was er verheißen hat."[7] Diesen Tag besang David in den Psalmen: „Alle Völker kommen und beten dich an, sie geben, Herr, deinem Namen die Ehre."[8] „Der Herr hat sein Heil bekannt gemacht und sein gerechtes Wirken vor den Augen der Völker."[9]

Wir wissen, was geschieht, seit die drei Weisen aus der Ferne gerufen wurden und der Stern sie zum König des Himmels und der Erde führte, ihn zu erkennen und anzubeten. Der Dienst des Sternes ruft auch uns zur Nachfolge: daß wir mit allen Kräften dieser Gnade dienen, die alle zu Christus einlädt.

In diesem Streben, Geliebte, sollt ihr alle euch gegenseitig helfen. Zum Gottesreich gelangt man durch den rechten Glauben und gute Taten. Ihr sollt in ihm leuchten als Kinder des Lichtes[10] durch unsern Herrn Jesus Christus, der mit dem Vater und dem Heiligen Geist lebt und herrscht in alle Ewigkeit. Amen.

[1] Vgl. Ps 76,2. [2] Kol 1,12f. [3] Jes 9,1. [4] Jes 55,5 (Vg.).
[5] Vgl. Joh 8,56. [6] Vgl. Röm 4,18. [7] Röm 4,20f. [8] Ps 86,9.
[9] Ps 98,2. [10] Vgl. Joh 12,36; Eph 5,8.

Kommentar

Die Weisen aus dem Morgenland – daß es drei waren, ist eine späte Tradition, steht für Leo d. Gr. aber schon fest – galten den Kirchenvätern als Vorbild aller „Heidenvölker", denen später die Christusbotschaft verkündet wurde.

Dies typologische Denken, bei dem fortlaufend Altes auf Neues bezogen wird, ist die älteste Methode christlicher Theologie. Neues geschah gemäß dem Vorbild des Alten – so argumentiert schon die älteste Auferstehungsformel in 1 Kor 15, wenn sie feststellt: „Er ist am dritten Tag auferweckt worden, *gemäß der Schrift*." Gemäß der Schrift sollten ja durch Abraham alle Völker der Erde gesegnet werden (vgl. Gen 18,18), und nun sind es als erste die Magier aus dem Osten, die als Vertreter dieser Völker erscheinen, um „zu erkennen und anzubeten". So werden sie zum Vorbild für alle, die diesen Weg zum Mensch gewordenen Gott noch zurücklegen werden, ein Weg, auf dem das Licht einer Erkenntnis aufgeht, so wie der ihrige hinter dem neu entdeckten Stern herführte, ein Weg, der dabei bereits ein erstes Stück Nachfolge war, wie Leo formuliert.

Weil innerhalb dieses typologischen Denkens bei den Kirchenvätern beständig Altes im Neuen „renoviert" wird, vermißt man innerhalb dieser Geschichtstheologie des Glaubens mitunter schmerzlich die Betonung des radikal Neuen, das sich durch Gott ereignet. Doch galt für die Kirchenväter der Grundsatz, daß das Alte das Wahre sei, nicht das Neue. In dieser Weise konnte ein Gefühl der Verbundenheit im Glauben über alle Zeiten hinweg entstehen. Der Glaubende war nicht, wie heute oft, mit seinem Glauben und Zweifel im Jetzt und Heute allein gelassen, sondern stand über alle Zeiten hin in Gemeinschaft mit den Glaubenszeugen der Vergangenheit: in den Weisen aus dem Morgenland stand er selbst vor dem Mensch gewordenen Gottessohn. An der Krippe in unseren Kirchen innehaltend, spüren wir wohl doch noch etwas von dieser fiktiven Gemeinschaft und damit davon, daß es die unsichtbare Gemeinschaft aller Glaubenden gibt: dort, wo wir dem Menschgewordenen wie die Weisen „unsere Erstlingsgaben" bringen, da gewinnen die alten Erzählungen von der Verheißung an Abraham eine neue Plausibilität. Das ist es, was uns an den alten Festen anrührt: Hier wird die Zeit übersprungen.

Psalm 67 (66) (GL 732)

Zur Abbildung: *Rückseite eines altchristlichen Bleimedaillons des 4. oder 5. Jahrhunderts nach einem Stich von 1869; es wurde im frühen 18. Jh. in den römischen Katakomben gefunden und wird heute in der Vatikanischen Bibliothek aufbewahrt. Gemäß der traditionellen Weise ihrer Darstellung in der Spätantike erscheinen auf diesem Schmuckstück die drei Weisen in fremdländischer Tracht vor der Madonna mit dem Kind: in Hosen, mit kurzer, hochgegürteter Tunika und der phrygischen Zipfelmütze. So wies sie schon ihre Kleidung als Ausländer auf: die F r e m d e n kamen, um zu bekennen: dies Kind ist der wahre Herr der Welt.*

Glanz, der auf uns übergeht

Darstellung des Herrn (2. Februar)

SOPHRONIUS VON JERUSALEM († 638): Aus einer Rede am Fest der Darstellung des Herrn

Laßt uns das helle und ewige Licht aufnehmen

Wir wollen dem Herrn alle entgegengehen, wir alle, die sein Geheimnis verehren; mit willigem Herzen laßt uns alle gehen! Keiner schließe sich von der Begegnung aus, niemand bleibe dem Tragen des Lichtes fern!

Wir entzünden den Glanz der Kerzen, um das göttliche Licht der Ankunft dessen anzuzeigen, von dem alles leuchtet, durch den die böse Finsternis verjagt wird und alles von der Fülle ewigen Lichtes hell wird. Wir tun es auch, um sichtbar zu machen, mit welchem Glanz der Seele wir Christus entgegeneilen müssen.

Wie die jungfräuliche Gottesmutter unbefleckt das wahre Licht auf den Armen trug und bei denen war, die in Finsternis und im Dunkel des Todes saßen[1], so wollen auch wir, von seinen Strahlen erleuchtet, in den Händen das Licht, das allen erscheint, dem entgegeneilen, der wahrhaft das Licht ist.

„Das Licht kam in die Welt"[2] und erhellte sie, die von Finsternis umfangen war. Das strahlende Licht aus der Höhe[3] kam zu uns und leuchtet denen, die in Finsternis und im Dunkel des Todes saßen. Das ist unser Mysterium, und darum schreiten wir mit Lampen einher, darum sind wir mit Lichtern herbeigeeilt, um zu zeigen, daß uns das Licht aufgeleuchtet ist, um anzudeuten, welcher Glanz von ihm auf uns übergehen wird. Darum laßt uns alle zusammen laufen, laßt uns alle Gott entgegeneilen!

Niemand von uns bleibe ohne die Weihe dieses Lichtes, niemand, den es erfüllt, bleibe im Finstern. Voll Glanz wollen wir alle hervortreten, erleuchtet laßt uns ihm alle zusammen entgegenge-

hen und mit dem greisen Simeon das klare und ewige Licht in Empfang nehmen! Mit ihm wollen wir im Herzen jubeln und dem Erzeuger und Vater des Lichtes, der das wahre Licht gesandt, das Dunkel verscheucht und alles zum Leuchten gebracht hat, den Hymnus des Dankes singen![4] Auch wir haben das Heil Gottes gesehen, das er vor allen Völkern bereitet und zu unserer, des neuen Israel, Herrlichkeit geoffenbart hat. Wir lebten im Dunkel der alten Sünde und wurden wie Simeon beim Anblick Christi von den Fesseln des gegenwärtigen Lebens befreit.
Auch wir haben Christus, als er aus Betlehem zu uns kam, im Glauben umarmt und wurden aus Heiden zu Gottes Volk, denn er ist das Heil Gottes des Vaters.
Wir haben mit den Augen den Mensch gewordenen Gott gesehen, und als wir Gottes Gegenwart sahen, haben wir ihn im Geist auf die Arme genommen, und seitdem werden wir das neue Israel genannt. Alljährlich feiern wir dieses Kommen Gottes und werden es niemals vergessen.

[1] Lk 1,79. [2] Joh 1,9. [3] Lk 1,78. [4] Lk 2,28–32.

Kommentar

Bis weit in die Neuzeit hinein ist es nicht schwierig gewesen, die tiefe Bedeutungsschicht der Lichtmetaphorik zu erfassen. Doch wie paradox: die für uns allgegenwärtige elektrische Beleuchtung hat verdunkelt, was früher für die Menschen das „Licht“ gewesen ist. Die Schwärze der Nacht, der Finsternis unterirdischer Gewölbe, Höhlen und Gräber, die Dunkelheit des Winters, all das ist in vergangenen Jahrhunderten intensiver empfunden worden; der Kontrast zu Helligkeit, zur Fülle und Flut des Lichtes war größer.
Es ist kein Wunder, daß die Sonne in Ägypten und in der späten römischen Kaiserzeit als göttlich verehrt wurde. In Platons Höhlengleichnis sitzt der Mensch am Ort der Finsternis, und sein Platz in der Dunkelheit kennzeichnet seine Unwissenheit. Wenn Matthäus (4,16) beim ersten Auftreten Jesu in Galiläa und ganz ähnlich Lukas (1,79) im Lobgesang des Zacharias Jes 9,1 zitieren, haben sie

ganz ähnliche Bilder vor Augen: „Das Volk, das im Dunkeln lebte, hat ein helles Licht gesehen; denen, die im Schattenreich des Todes wohnten, ist ein Licht erschienen.“
Jesus ist „das Licht der Welt“ (Joh 8,12); die an ihn glauben, sollen „Söhne des Lichts“ werden (Joh 12,36). Der Sohn Gottes gilt als das „Licht vom Lichte“; die an ihn glauben, müssen den Weg des Lichts beschreiten und den der Finsternis hinter sich lassen. Bis heute symbolisiert das Licht einer Kerze den Auferstandenen und die Erleuchtung des Täuflings, der sich ihm zugewandt hat.
All dies und wohl noch mehr hat der Patriarch von Jerusalem, Sophronius, vor Augen, ein früherer Mönch, der zwei Jahre lang die Verteidigung seiner Stadt während der Belagerung durch islamische Truppen organisierte, dann aber die Kapitulation aushandelte (637 n. Chr.). Siebzig Jahre war er damals alt und erst seit kurzer Zeit Bischof. Mohammed war nur wenige Jahre tot. Eine Belagerung Jerusalems durch die Perser lag nicht lang zurück. Nach wie vor machten sie dem byzantischen Kaiser Heraklios das Leben schwer. In der Kirche verursachten die Nachwehen des Streites um die Zwei-Naturen-Lehre heftige Konvulsionen. Papst Honorius I. (625–638) und Patriarch Sophronius waren sehr unterschiedlicher Meinung. Eine bewegte Zeit also, in die er hineinspricht, die böse Finsternis werde verjagt, alles Dunkel verscheucht und zum Leuchten gebracht werden, der Glanz Christi werde sich auf unsere Seelen legen.
Das war nicht platte Wirklichkeit. Das war, „das ist unser Mysterium“. In die Sonne kann keiner unmittelbar sehen, aber nur in ihrem Licht ist die Welt erkennbar. Geheimnisvoll ist das Licht des Glaubens. Von ihm her ist wahrnehmbar, was selbst jedoch nicht geschaut, ja nicht einmal ertragen werden könnte.
Der Glaube beleuchtet die Wirklichkeit anders, als sie im Licht der Alltäglichkeit zu sein scheint. Auf diese Dimension wollen nicht nur die Kerzen dieses Tages hinweisen.

Psalm 27 (26) (GL 719)

Zur Abbildung: *Tonlampen gehören zu den häufigsten Überresten antiker Haushalte. Die älteren sind rund, die jüngeren mehr in die Länge gezogen. Überwiegend sind es geschlossene Pfännchen, zwischen 10 und 15 cm lang, hinten ein kleiner Griff, vorn ein kurzer Kanal. Dort brannte die Flamme auf dem Docht, vom eingegossenen Öl gespeist.*
Ab dem vierten Jahrhundert werden die Lampen mit christlichen Symbolen geschmückt. Lampen mit dem von Konstantin eingeführten Christusmonogramm oder dem schon vor ihm gebräuchlichen Staurogramm zu verzieren mag sehr sinnvoll erscheinen: Sie sind wie Christus das Licht, das die Welt erleuchtet und die Dunkelheit vertreibt. Doch muß nicht in jedem Fall ein Gegenstand des alltäglichen Gebrauchs in solch „hochtheologischen" Zusammenhängen gesehen worden sein. Es gab auch damals schon viel dekorativen „Nippes". Die tiefere Bedeutung zu sehen, war freilich auch seinerzeit nicht ausgeschlossen.
Die abgebildeten Lampen sind in Tunesien gefunden worden, also im einst christlichen Nordafrika.

„Er will alle, die er liebhat, zur Buße bewegen“

Aschermittwoch I

KLEMENS I. († 101): Aus dem Brief an die Korinther

Bekehrt euch!

Laßt uns aufmerksam auf das Blut Christi schauen und erkennen, wie viel es Gott, dem Vater, wert ist; denn um unseres Heiles willen wurde es vergossen und hat der ganzen Welt die Gnade der Umkehr angeboten.
Laßt uns alle Generationen durchgehen, und wir werden sehen, daß der Herr allen von Geschlecht zu Geschlecht Gelegenheit zur Sinnesänderung gibt, wenn sie bereit sind, sich ihm zuzuwenden. Noach predigte die Umkehr, und alle, die auf ihn hörten, wurden gerettet. Jona kündigte den Bewohnern von Ninive den Untergang an; aber sie taten Buße für ihre Sünden, versöhnten Gott durch ihr Gebet und erlangten das Heil, obwohl sie nicht zu seinem Volk gehörten.
Die Diener der göttlichen Gnade haben im Heiligen Geist von der Umkehr gesprochen. Der Herr des Weltalls hat mit einem Eid von der Umkehr gesagt: „So wahr ich lebe – Spruch des Herrn –, ich habe kein Gefallen am Tod des Schuldigen, sondern daran, daß er umkehrt“[1], und er hat einen guten Rat hinzugefügt: „Ihr vom Haus Israel, kehrt um, wendet euch ab von euren Vergehen![2] Sag den Söhnen meines Volkes: Wenn eure Sünden von der Erde bis zum Himmel reichten, wenn sie röter wären als Purpur und schwärzer als ein Trauergewand, wenn ihr euch aber aus ganzem Herzen zu mir bekehrt und sagt: Vater!, dann erhöre ich euch als ein heiliges Volk.“[3]
Er will also alle, die er liebhat, zur Buße bewegen und bekräftigt diese Absicht mit seinem allherrschenden Willen. Laßt uns darum

diesem erhabenen und herrlichen Willen gehorchen. Laßt uns um sein Erbarmen und seine Güte flehen.
Wir wollen also demütig sein und alle Prahlerei und Überheblichkeit, alle Unbesonnenheit und allen Zorn ablegen und der Heiligen Schrift gehorchen. Der Heilige Geist sagt nämlich: „Der Weise rühme sich nicht seiner Weisheit, der Starke nicht seiner Stärke, der Reiche nicht seines Reichtums. Nein, wer sich rühmen will, der rühme sich des Herrn“[4]; er suche Recht und Gerechtigkeit zu üben. Vor allem laßt uns an die Worte des Herrn Jesus denken, mit denen er Güte und Langmut lehrte.
Er hat gesagt: „Seid barmherzig, damit ihr Erbarmen findet; vergebt, damit auch euch vergeben wird! Wie ihr tut, so wird euch getan; wie ihr gebt, so wird euch gegeben; wie ihr richtet, so werdet ihr gerichtet; wie ihr gütig seid, so werdet ihr selbst Güte erfahren; mit dem gleichen Maß, mit dem ihr meßt, wird auch euch zugeteilt werden.“[5]

[1] Ez 33,11. [2] Vgl. Ez 18,30. [3] Vgl. Jes 1,16–20. [4] Jer 9,22.23; 2 Kor 10,17. [5] Vgl. Mt 5,7; 6,14f.; 7,1f.; 7,12; Lk 6,31.36ff.

Kommentar

Als um die Mitte der neunziger Jahre des 1. Jahrhunderts die römische Gemeinde an die von Korinth schreibt, da greift sie Dinge auf, die die römischen Christen mißbilligten. In ihrem Auftrag schrieb Klemens, der seit Mitte des 2. Jahrhunderts als Verfasser des Briefes genannt wird, an die „altehrwürdige Kirche der Korinther“ (1 Clem 47,6), denn dort hatten einige jüngere Gemeindemitglieder dafür gesorgt, daß Presbyter, die einst „unter Zustimmung der gesamten Gemeinde eingesetzt wurden“ (44,3), abgesetzt worden waren. Die Mehrheit in Korinth war damit einverstanden gewesen – eine Minderheit, die mit den römischen Christen Kontakt hielt, fühlte sich brüskiert. Was der Hintergrund für die Konflikte war, ist unbekannt geblieben. Der Brief aus Rom, das einzige Zeugnis über den Vorfall, gibt nichts Genaueres zu erkennen. Möglicherweise waren es Streitigkeiten um das rechte Ver-

ständnis der Auferstehungshoffnung. Um so deutlicher ist aber das Bewußtsein der römischen Gemeinde, den Korinthern sagen zu können, was der „Wille Gottes" (56,1) in dieser Situation sei: die Wiederherstellung der Einheit der Gemeinde unter den alten Amtsträgern. Die Ämter seien auf Lebzeit verliehen. Den Gegnern der alten Presbyter wird die Auswanderung empfohlen.
Viel ist darüber gestritten worden, ob mit diesen Ratschlägen, die offenbar in Korinth befolgt worden sind, die erste Urkunde vorliegt, die den römischen Primatsanspruch belege, oder ob es sich hier eher um ein Zeugnis der *correctio fraterna,* der brüderlichen Zurechtweisung, unter den frühen Gemeinden handele. Wie immer dem sei, der Brief genoß hohes Ansehen in der Kirche der Antike. Der berühmte Codex Alexandrinus aus dem 5. Jh. enthält ihn als Zusatz zum Neuen Testament.
Vom ganzen historischen Hintergrund ist freilich in den vom Stundenbuch ausgewählten Passagen nichts zu spüren. Denn durchgängig widmet sich der Brief, der in der korinthischen Gemeinde eine Wende herbeiführen will, einem Thema, das auch in Rom aktuell war (wie aus dem Schrifttum des Hermas bekannt ist, der um die Mitte des 1. Jahrhunderts in Rom lebte): „Wir befinden uns auf demselben Kampfplatz und derselbe Kampf ist uns auferlegt", schreibt Klemens (7,1) nach Korinth und meint damit die Bemühung um Umkehr und Buße, wie sie allen Christen aufgegeben ist. Gläubige Zuwendung zu Gott setzt einen Akt der Umkehr voraus. „Allen, von Geschlecht zu Geschlecht, gibt der Herr Gelegenheit zur Sinnesänderung" (7,5).
Daß dies wirklich gilt, schickt sich der Brief in vielerlei Weise zu zeigen an: „Laßt uns alle Generationen durchgehen" – das Alte wie das Neue Testament: Noach predigte die Möglichkeit der Buße vor der großen Flut, Jona den Bewohnern von Ninive. Schon die Propheten konnten dem Volk sagen: Keine Schuld ist so groß, daß man nicht mit ihr vor Gott treten könnte. Das Kreuzesopfer hat dann „der ganzen Welt die Gnade der Umkehr angeboten".
Womit beginnt die Umkehr? Hier spielt Klemens darauf an, was den Korinthern schon Paulus geschrieben hatte, der fürchtete, es werde bei ihnen zu „Streit, Eifersucht, Zornesausbrüchen, Ehrgeiz, Verleumdungen, übler Nachrede, Überheblichkeit und allge-

Zur Abbildung: *Jona als Büßer und Prophet der Buße war eines der Beispiele aus dem Figurenschatz des Alten Testamentes, auf das schon die frühchristlichen Exegeten und Prediger gern hinwiesen und das später auch Eingang in die altchristliche Kunst fand. Unser Bild zeigt ein Beispiel aus der Petrus-und-Marzellinus-Katakombe in Rom, wo an der Decke neben einer Hirten-Darstellung und vier Beter-Figuren die alttestamentliche Jona-Geschichte in einem Zyklus von vier Bildern dargestellt ist. Beginnend rechts vom Hirten in der Mitte, zeigt das Fresko aus der 1. Hälfte des 4. Jahrhunderts (im umgekehrten Uhrzeigersinn): Jona wird von den Matrosen ins Meer geworfen (Jona 1,15) und vom großen Fisch verschluckt – nach seiner Bußpredigt in Ninive und der Reue der Niniviten führt Gott seine Absicht, die Stadt zu zerstören, nicht aus: Jona unter einem Rizinusstrauch sitzend, zürnt darüber (4,6) – der verdorrte Strauch bringt ihn zur Einsicht über Gottes Barmherzigkeit (4,7–11).*

meiner Verwirrung" kommen (2 Kor 12,20). Prahlerei, Überheblichkeit, Unbesonnenheit und allen Zorn empfiehlt Klemens abzulegen und statt dessen mit der Demut zu beginnen, mit Gerechtigkeit und Barmherzigkeit. Das Menschenbild der Bergpredigt stellt er vor die Augen der Korinther – und vor unsere: der erbarmungsvolle, verzeihende, freigiebige, nachsichtige, gütige und gerechte Mensch ist der, der die Gesinnung der Buße und damit der Umkehr mit Gottes Gnade verwirklicht hat.

Psalm 51 (50) (GL 190)

„Erneuerung gegenüber dem Müde- und Gleichgültigwerden“

Aschermittwoch II

Leo der Grosse († 461): Aus einer Fastenpredigt

Reinigung vor Gott durch Fasten und Werke der Barmherzigkeit

„Die Erde ist erfüllt von der Huld des Herrn.“[1] Das gilt zu jeder Zeit. Allen Gläubigen ist die Natur der Dinge eine Schule der Gottesverehrung: Himmel, Erde, Meer und alles, was in ihnen ist, verkünden die Güte und Allmacht ihres Schöpfers. Die wunderbare Schönheit der ihm dienenden Elemente fordert von den vernunftbegabten Geschöpfen die gebührende Danksagung.

Doch immer wenn die Tage wiederkehren, die von den Geheimnissen der Erlösung und des Heils der Menschen in besonderer Weise geprägt sind, die Tage, die nach fester Ordnung auf das nahe Osterfest hinführen, werden wir eindringlicher und eingehender darauf hingewiesen, uns vor Gott zu reinigen. Es ist dem Osterfest eigen, daß an ihm die ganze Kirche sich der Sündenvergebung erfreut. Sie soll nicht nur denen zuteil werden, die in der heiligen Taufe wiedergeboren werden, sondern auch denen, die schon länger das Glück haben, von Gott als seine Kinder[2] angenommen zu sein.

Wenn es auch in der Hauptsache das Bad der Wiedergeburt ist, durch das die Menschen neu geschaffen werden, so bleibt doch für alle die Aufgabe der täglichen Erneuerung gegenüber dem Müde- und Gleichgültigwerden unserer sterblichen Natur. Zudem gibt es keine Stufe des Fortschrittes, die nicht nach unserer größeren Vollkommenheit verlangte. Darum muß sich jeder anstrengen, daß der Tag der Erlösung ihn nicht in den Sünden des alten Menschen antrifft.

Was sich für jeden Christen jederzeit schickt, das müssen wir jetzt mit mehr Eifer und Hingabe tun, damit wir der apostolischen Einrichtung der vierzig Tage gerecht werden, und zwar nicht nur durch sparsamen Genuß von Speisen, sondern vornehmlich durch die Enthaltung von der Sünde. Nichts ist nützlicher, als mit einem vernünftigen heiligen Fasten Taten der Barmherzigkeit zu verbinden. Unter dem einen Wort Barmherzigkeit bergen sich viele lobenswerte Werke der Frömmigkeit, so daß die Herzen aller Menschen im Erbarmen gleich sein können, auch wenn sie nach ihrem Vermögen ungleich sind.

Der Liebe, die wir in gleicher Weise Gott und dem Menschen schulden, stehen niemals so große Hindernisse entgegen, daß es ihm nicht möglich wäre, das Gute zu wollen. Wenn die Engel singen: „Ehre sei Gott in der Höhe und Friede den Menschen auf Erden, die guten Willens sind“[3], so muß jeder glücklich sein, der in Liebe mit andern leidet, die irgendwie in Not sind; er ist glücklich nicht allein wegen des guten Willens, sondern auch durch die Gnade des Friedens.

Es liegt an der Weite christlicher Liebe, daß sie dem wahren Christen große mannigfache Möglichkeiten bietet. Dadurch haben am Almosengeben nicht nur die Reichen in ihrem Überfluß teil, sondern auch alle, deren Hab und Gut bescheidener ist oder die arm sind. Die, denen ihr Vermögen keine Freigebigkeit gestattet, sollen wenigstens der Gesinnung nach freigebig sein.

[1] Ps 33,5. [2] Vgl. Gal 4,5. [3] Lk 2,14 (Vg.).

Kommentar

Durch die Praxis der Kindertaufe und die Möglichkeit, jederzeit einen Tauftermin anzusetzen, ist für uns der Hintergrund dieser Predigt des großen römischen Bischofs, aus der das Stundenbuch heute Ausschnitte vorlegt, längst verblaßt. Doch erinnert sie uns daran, daß in der Alten Kirche Ostern meist der einzige bzw. Haupttauftermin war, wenn wir davon absehen, daß noch in der Antike das Pfingstfest als zweiter Tauftermin hinzutrat. Weil am

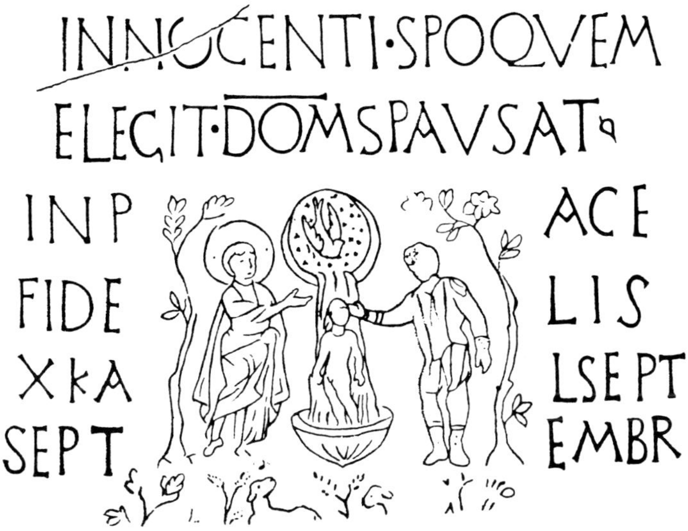

Zur Abbildung: *Grabplatte des 4. Jahrhunderts aus Aquileia mit der Darstellung einer Taufe. Der Täufling steht in einem Taufbecken. Oberhalb seines Kopfes eine punktierte Scheibe, die von einer Sichel umgeben ist; sie stellt den gestirnten Himmel mit dem Mond dar. Aus diesem Himmel ergießen sich das Wasser und der Hl. Geist in Gestalt der Taube über den Täufling. Die Deutung der Personen ist umstritten. Rechts in der kurzen, gegürteten Tunika der taufende Diakon oder der für das zu taufende Kind das Glaubensbekenntnis sprechende Pate. Links in einer weiten Toga und mit Nimbus vielleicht Christus als der, an den geglaubt wurde. Das Ganze in einer paradiesischen Landschaft mit Bäumen und Schafen. Die Taufe selbst geschieht durch teilweises Eintauchen bis zu den Knien (Immersion) und zusätzliches Begießen (Infusion). Dies war die altchristliche Form, nicht das vollständige Eintauchen, wie oft angenommen wird. Die Inschrift der Grabplatte lautet:* Innocenti spirito quem elegit Dominus / pausat in pace fidelis / X Kalendas Septembris *(Dem unschuldigen Geist, den der Herr erwählt hat / Er ruht als Gläubiger in Frieden / Am 23. August).*

Osterfest getauft wird, darum erfreut sich „an ihm die ganze Kirche der Sündenvergebung“.
Die Taufe galt als die paenitentia prima, die große, erste, und für das Leben hauptsächliche und zunächst einzige Chance der Sündenvergebung. Die Möglichkeit einer paenitentia secunda, ein zweites Mal oder mehrfach im Leben zur Vergebung der Sünden zu gelangen, war sehr lange umstritten; obwohl sich kluge Pastoraltheologen bereits früh dafür einsetzen, z.B. Hermas von Rom zu Anfang des 2. Jh., halten noch Ambrosius, Hieronymus und Augustinus an der Einmaligkeit der Bußmöglichkeit in der Taufe fest. So kann es nicht wundern, daß bei Leo d. Gr. nicht von der Osterbeichte als dem die Rede ist, worauf sich die Fastenzeit hinentwikkeln solle.
Dennoch sind die Vierzig Tage die Zeit, „uns vor Gott zu reinigen“. War die Fastenzeit damals für die Täuflinge die lange Zeit einer geordnet ablaufenden Taufvorbereitung, in der sie Katechesen hörten, die liturgischen Stationen auf dem Weg zur Taufe durchliefen (Exorzismen, Empfang der Credo-Formel usw.) und ihre Bereitschaft zur Buße sinnenfällig demonstrieren mußten durch Fasten und Almosen, so war diese Zeit für die Getauften jedes Jahr gleichzeitig die Erinnerung an die eigene Zeit der Taufvorbereitung. Für die nicht unerhebliche Zahl der christlichen „Sympathisanten“, die die Taufe noch aufschoben, aber durchaus am Gemeindeleben Anteil nahmen, war diese Zeit eine Phase erneuter Überlegungen und Selbstprüfung.
Ob in Anknüpfung an das eigene Tauferlebnis oder in Vorausschau darauf: es ging darum, den Geist der Wiedergeburt neu zu beleben, aus dem man in der Taufe „neu geschaffen“ worden war oder es zu werden hoffte.
Zu den psychologischen Voraussetzungen dieses inneren Prozesses gibt Leo in jener feinsinnigen und klugen Art, deren die späten Kirchenväter im Anschluß an die Tradition der antiken Philosophen fähig waren, Hinweise. Zunächst geht es um „Erneuerung gegenüber dem Müde- und Gleichgültigwerden unserer menschlichen Natur“. Von dieser Ermüdung ist jeder betroffen, sogar der Vollkommenste. Und auch ihm wäre zu sagen: „Es gibt keine Stufe des Fortschritts, die nicht nach größerer Vollkommenheit ver-

langte." Fasten und Almosengeben, die Taten der Barmherzigkeit nach außen und die Selbstbeschränkung nach innen: damit ist stets ein solcher Fortschritt zu erreichen. Das eine lenkt den Menschen zuerst von sich ab, das andere dann auf andere hin – und darin, im Erbarmen, können alle Menschen gleich sein, auch wenn sie nach ihrem Vermögen ungleich sind.

Merkwürdiger Kontrast zum modernen Empfinden, nach dem wir gleich auf Grund gleicher *Rechte* sind. Gleich sind wir darin, meint Leo, daß wir alle barmherzig sein können. Und die Möglichkeit dazu gewährleistet uns Gott, denn „der Liebe, die wir in gleicher Weise Gott und dem Menschen schulden, stehen niemals so große Hindernisse entgegen, daß es ihm nicht möglich wäre, das Gute zu wollen". Diesen Satz muß man vielleicht zweimal lesen, bis einem aufgeht, daß der römische Bischof des 5. Jahrhunderts hier die Menschenwürde nicht durch Grundrechte absichert, sondern diese durch die Möglichkeit einer theologischen Fundamentalmoral.

Deren Fazit ist es in jedem Fall, daß der erst ein Mensch ist, der barmherzig ist, weil er das Gute will – und es auch vermag im Vertrauen auf Gott. Darauf kann man wohl keinen Rechtsstaat errichten, aber es ist der Geist, den es in der Fastenzeit wachzurufen oder wiederzuerwecken gilt!

Psalm 130 (129) (GL 191)

Patron der Kirche unserer Zeit

Josef, Bräutigam der Gottesmutter Maria (Hochfest, 19. März)

BERNHARDIN VON SIENA († 1444): Aus einer Predigt zu Ehren des heiligen Josef

Der treue Ernährer und Behüter

Bei allen besonderen Gnaden, die einem vernunftbegabten Geschöpf mitgeteilt werden, herrscht die allgemeine Regel: Immer, wenn Gott in seiner Güte jemand zu einer besonderen Gnade oder zu einem hohen Stand beruft, dann gibt er alle Hilfen, die für eine so erwählte Persönlichkeit und ihre Aufgabe erforderlich sind. Sie zeichnen diesen Menschen dann in reichem Maße aus.

Das hat sich in hohem Grad am heiligen Josef bewahrheitet, dem Adoptivvater Jesu Christi, dem wirklichen Bräutigam der Königin der Welt und Herrin der Engel. Er wurde vom ewigen Vater erwählt als treuer Ernährer und Behüter seiner höchsten Schätze: seines Sohnes und der Braut Josefs. Dieses Amt hat Josef mit größter Treue verwaltet. Darum spricht der Herr zu ihm: „Du bist ein tüchtiger und treuer Diener ... Komm herein in die Freude deines Herrn!"[1] Wenn du Josef zur ganzen Kirche Christi in Beziehung setzt, ist er dann nicht ein auserwählter und ganz besonderer Mensch, durch den und unter dessen Obhut Christus der Ordnung entsprechend und ehrenvoll in die Welt eingeführt wurde? Wenn daher die ganze Kirche in der Schuld der Jungfrau Mutter steht, weil sie Christus empfangen durfte, so schuldet sie Josef nach ihr gewiß in besonderem Maß Dank und Ehrfurcht.

Er ist der Abschluß des Alten Testamentes. Er besitzt die Würde der Patriarchen und Propheten, durch ihn erhält sie die verheißene Frucht. Er ist gewiß der einzige, der leibhaftig besitzen durfte, was die Güte Gottes den Patriarchen und Propheten versprochen hat.

Die Vertrautheit, Ehrfurcht und hohe Wertschätzung, die ihm Christus wie ein Sohn dem Vater entgegenbrachte, als er noch auf der Erde lebte, hat er ihm im Himmel gewiß nicht versagt, vielmehr erfüllt und vollendet.
Darum bemerkt Christus nicht umsonst: „Komm herein in die Freude deines Herrn!" Obwohl die Freude der ewigen Seligkeit in das Herz des Menschen kommt[2], sagte der Herr ihm doch lieber: „Komm herein in die Freude", um geheimnisvoll anzudeuten, daß die Freude nicht allein in seinem Innern ist. Sie umgibt ihn vielmehr von allen Seiten und zieht ihn in sich hinein und taucht ihn unter wie in einen unendlichen Abgrund.
So denke denn an uns, heiliger Josef, und tritt mit deiner Fürbitte beim Herrn ein, der für deinen Sohn gehalten wurde. Mach uns auch deine heilige Braut geneigt, die Mutter dessen, der mit dem Vater und dem Heiligen Geist lebt und herrscht durch endlose Ewigkeit. Amen.

[1] Mt 25,21. [2] Vgl. 1 Kor 2,9.

Kommentar

Mit dem Erbe der Frömmigkeit aus mittelalterlicher bzw. spätmittelalterlicher Zeit tut sich der moderne Mensch heute meist schwerer als mit den Traditionen aus dem Altertum. Das zu leugnen heißt, sich Illusionen hinzugeben. Ob es die Marienverehrung ist, die Herz-Jesu-Frömmigkeit, der Kult des Namens Jesu, der Heiligen und Reliquien, oder die eucharistische Anbetung: vieles davon ist uns heute fremd, wenn auch in unterschiedlicher Weise.
Der Franziskaner Bernhardin von Siena, ohne Zweifel der größte Volksprediger des Spätmittelalters, förderte insbesondere die Andacht zur Gottesmutter, die Verehrung des Namens Jesu, den er auf einer Tafel geschrieben vor sich hertrug und zum Kusse anbot, sowie die des Hl. Josef, was etwas Neues war.
Er ist für ihn ein Beispiel des Gnadenwirkens Gottes. Die Gnadenlehre, welche einst Augustinus, später die Franziskaner und dann den Augustinereremiten Martin Luther in besonderer Weise be-

schäftigt haben, ist gleichfalls ein Bereich, der heute weniger beachtet wird. Und doch lohnt es sich, darüber nachzudenken und zu meditieren, wie Gott und Mensch zusammenwirken. Gott kommt mit seiner Gnade dem Menschen zuvor und sie bleibt dem Menschen dauernde Hilfe, noch während er sich gegen sie sperren kann.

Ist es zu viel gesagt, darauf hinzuweisen, daß Josef dem „normalen“ Menschen in dieser Hinsicht viel näher steht als Maria, die von Anfang an, wie es die Lehre von der Unbefleckten Empfängnis sagt, mit besonderen Gnadengaben ausgestattet war? Papst Paul VI. hob 1969 in einer Ansprache am Fest des Hl. Josef hervor, der Tag fördere die „spontane theologische Reflexion über die Verbindung des göttlichen mit dem menschlichen Tun in dem großen Heilsplan, in welchem das erste, nämlich das göttliche, ganz sich selbst genügt, aber das zweite, das menschliche, also unser Tun, obwohl allein zu nichts imstande (vgl. Joh 15,5), niemals einer zwar bescheidenen, aber bedingenden und adelnden Mitwirkung enthoben ist“.[1] Gottes Gnade ist immer größer als der Mensch, aber sie erschlägt den Menschen nicht.

Das Fest des Hl. Josef und die Lesung aus dem Hl. Bernhardin weisen also darauf hin, wie der Glaube über den Menschen denkt. Die Predigt Bernhardins zeigt zusätzlich noch auf das Ziel, das dieser Mensch erreichen möge: die Freude des Herrn, die nicht nur im Innern ist, sondern anziehend, immer mehr wie ein Strudel, schließlich ganz und gar alles umfassend.

[1] Vgl. Johannes Paul II, Enzyklika *Redemptoris custos*, Nr. 30

PSALM 84 (83) (GL 649)

Zur Abbildung: *Bis zum 19. Jahrhundert, als er in zunehmender Weise zum Vorbild des arbeitsamen und treusorgenden Familienvaters wurde, hat es der Hl. Josef nur zu wenigen Einzeldarstellungen gebracht. Am häufigsten begegnet man ihm auf den Krippenbildern, wo er jedoch oftmals bescheiden und manchmal etwas abwesend beiseite sitzt. So sollte darauf hingewiesen werden, daß er nicht der Vater jenes Kindes sei.*
Ansonsten blieb er stets eingebunden in die Darstellungen aus dem Marienleben und dem Leben Jesu. Hier seine Hochzeit mit der Tempeljungfrau Maria, wie sie im apokryphen Protoevangelium des Jakobus beschrieben ist. Die Miniatur stammt aus dem lateinischen Stundenbuch einer Dame, das um 1410 in Paris entstanden ist. Es zeigt die Eheschließung in Form der dextrarum iunctio, *der Verschränkung der rechten Hände des Brautpaars. Dieser antike Ritus ist bis heute unverändert und Kern des Zeremoniells geblieben.*

„Das Heilmittel entsprach unserer Lage“

Verkündigung des Herrn (Hochfest, 25. März)

Leo der Grosse († 461): Aus dem Brief an Flavian

Das Geheimnis unserer Versöhnung

Die Majestät hat die Niedrigkeit angenommen, die Kraft die Schwachheit, das Ewige die Sterblichkeit. Um die Schuld zu lösen, die auf uns lastet, verband sich die unverletzliche Natur mit der leidensfähigen. Das Heilmittel entsprach unserer Lage: der eine und derselbe Mittler zwischen Gott und den Menschen, der Mensch Jesus Christus[1], sollte in der einen Natur sterben können, in der anderen nicht.
Der wahre Gott ist also geboren worden in der unverkürzten und vollen Natur eines wahren Menschen, ganz Gott in seinem Bereich, ganz Mensch in dem unsrigen. Unseren Bereich nenne ich, was der Schöpfer in uns am Anfang ins Dasein rief und was er annahm, um es wiederherzustellen.
Von dem, was der Betrüger hereinbrachte und was der Mensch getäuscht hereinließ, gibt es im Erlöser keine Spur. Wenn er sich den Schwächen des Menschen unterwarf, so hatte er deswegen doch nicht teil an unseren Sünden.
Er nahm Sklavengestalt an, ohne sich mit der Sünde zu beschmutzen. Er erhöhte das Menschliche, ohne das Göttliche zu mindern; denn die Entäußerung, in der sich der Unsichtbare sichtbar darbot und der Herr und Schöpfer aller Dinge ein Sterblicher sein wollte, war eine Herablassung der Barmherzigkeit, nicht eine Einbuße an Macht. Er, der in der Gestalt Gottes den Menschen schuf, er wurde in Sklavengestalt ein Mensch.
Der Sohn Gottes tritt also in unsere Welt ein, steigt vom Thron des Himmels herab und wird in einer neuen Ordnung und in einer neuen Geburt gezeugt, ohne sich der Herrlichkeit des Vaters zu begeben.

In neuer Ordnung: Unsichtbar in seinem Bereich, wurde er sichtbar in dem unsrigen; unfaßbar, wollte er sich erfassen lassen; er blieb überzeitlich und begann doch ein Dasein in der Zeit; der Herr des Weltalls verhüllte seine unermeßliche Herrlichkeit und nahm Sklavengestalt an; Gott, der keines Leidens fähig ist, weigerte sich nicht, ein leidensfähiger Mensch zu werden und sich, obwohl unsterblich, dem Gesetz des Todes zu unterwerfen.
Der wahrer Gott ist, ist wahrer Mensch, und an dieser Vereinigung ist nichts trügerisch. Menschliche Niedrigkeit und Erhabenheit Gottes sind in ihr ja verbunden.
Denn wie sich Gott durch sein Erbarmen nicht ändert, so wird der Mensch nicht aufgehoben durch die göttliche Würde. In der Gemeinschaft mit der andern Natur tut eine jede, was ihr zukommt: Das Wort wirkt, was des Wortes ist. Die eine Natur leuchtet in den Wundern auf, die andere unterliegt den Schmähungen, und wie das Wort die Wesensgleichheit mit dem Vater nicht aufgibt, so verläßt der Mensch das Wesen unseres Geschlechtes nicht.
Immer wieder muß es gesagt werden: einer und derselbe ist wahrhaft Sohn Gottes und Menschensohn. Gott dadurch, daß er „im Anfang das Wort war und das Wort bei Gott und das Wort Gott war“[2], und Mensch dadurch, daß „das Wort Fleisch wurde und unter uns wohnte“[3].

[1] Vgl. 1 Tim 2,5. [2] Vgl. Joh 1,1. [3] Vgl. Joh 1,14.

Kommentar

Ohne Übertreibung kann man sagen: Dies ist einer der wichtigsten Texte der Kirchen- und Theologiegeschichte. Papst Leo der Große schrieb ihn am 13. Juni 449 an Flavian, den Patriarchen von Konstantinopel, um ihn in den seit vielen Jahren schwelenden Auseinandersetzungen um die Christologie zu unterstützen. Zunächst blieb er ohne Einfluß. Der beachtete Text wurde aber zwei Jahre später, als sich nach einem Wechsel auf dem Kaiserthron die politische und kirchenpolitische Situation grundlegend geändert hatte, von den Konzilsvätern in Chalkedon (451) zur stimmigen

Darlegung des Glaubens an Jesus Christus erklärt. Auf ihn bezog man sich bei den weiteren Diskussionen des Konzils, welches die christologischen Dogmen brachte, die bis heute gemeinsames Gut der meisten christlichen Kirchen sind. Nach den erhaltenen Konzilsakten wurde auf der zweiten Sitzung des Konzils der Durchbruch dadurch erzielt, daß ein früheres Lehrschreiben Leos an den Patriarchen Flavian von Konstantinopel (449 verfaßt) vorgelesen und zusammen mit anderen Texten zur Beratungs- und Verhandlungsgrundlage gemacht wurde. Auch wenn in der Folge die Abspaltung der an der Ein-Naturen-Lehre festhaltenden Monophysiten nicht verhindert werden konnte – erst Papst Paul VI. und der monophysitische koptische Papst Shenouda III. haben sich 1973 über die strittigen Fragen einigen können –, schmälert das Leos kirchen- und theologiegeschichtliche Verdienste nicht.

Wenn Leos Brief am Fest der Verkündigung gelesen wird, so erinnert er aber zunächst daran, daß die damaligen Streitigkeiten um die wahre Auffassung der gottmenschlichen Person Jesu Christi ihren ersten Höhepunkt gefunden hatten, als zwanzig Jahre zuvor darüber debattiert wurde, ob Maria „Gottesmutter" heißen dürfe. Wenn Gott Mensch geworden war, schon als Maria empfing, konnte man dies durchaus von ihr sagen. Sicher waren sich freilich darüber längst nicht alle, hieß es doch: „Das Heilige, das geboren werden wird, wird Sohn Gottes genannt *werden*" (Lk 1,35). Wann? Viele Fragen gab es da: Hat Gott den Menschen Jesus genau im Sinne dieses Textes nicht erst viel später zu seinem Sohn erklärt? Etwa anläßlich der Taufe am Jordan, als die Stimme rief: „Du bist mein geliebter Sohn ..." (Lk 3,22)? War er aber völlig Gott, wenn er es nicht von Anfang an war? Kann umgekehrt Gott überhaupt ganz und gar Mensch werden? Beleidigt es Gott nicht, wenn man die Aussage des Philipperhymnus wörtlich nimmt: „Er wurde wie ein Sklave"? Heißt es dort nicht, er wurde den Menschen „gleich", im Sinne von „ähnlich" (Phil 2,7)?

Leo betont, daß der Erlöser schon als Gott geboren wurde. Maria gab ihm sein menschliches Leben. Und dabei war er „ganz Gott in seinem Bereich, ganz Mensch in dem unsrigen". Er nahm also

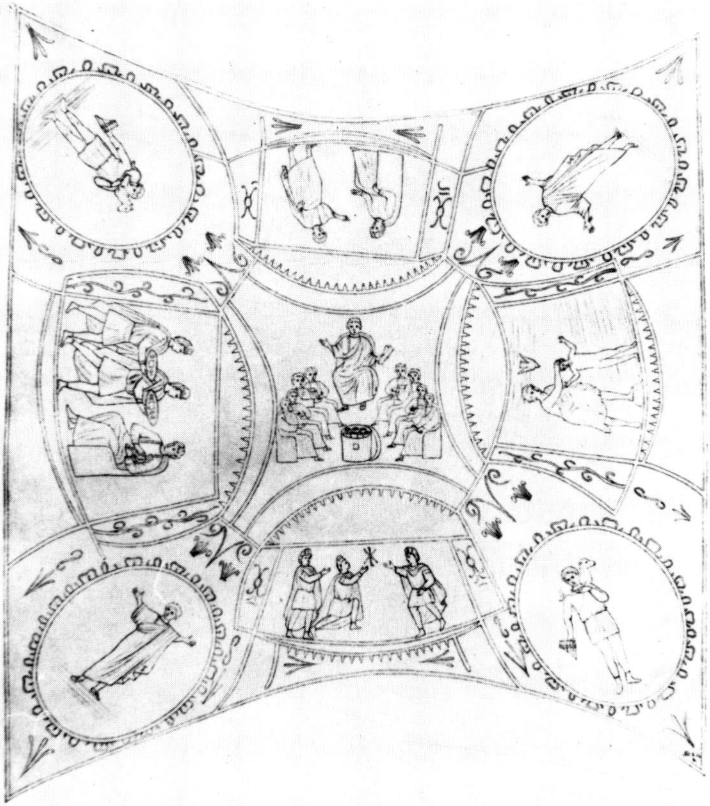

Zur Abbildung: *Die Deckenfresken dieser Kammer der Petrus-und-Marzellinus-Katakombe sind leider so schlecht erhalten, daß sie nicht mehr fotografiert werden können. Sie entstanden im 4. Jahrhundert. Es ist dort schon lange so feucht, daß vieles verschimmelt und abgeblättert ist. Viele Details sind nicht mehr genau zu erkennen und so ist man heute auf die alte Untersuchung und Rekonstruktion des Grabraumes durch Joseph Wilpert von 1891 angewiesen, die jedoch als zuverlässig gilt.*
Christus war dort inmitten der Jünger als Lehrer der Wahrheit abgebildet. Im Kranz um ihn herum gruppieren sich vier Szenen (im umgekehrten Uhrzeigersinn): Die Verkündigung des Engels an Maria, die in einem hohen Lehnstuhl sitzt. Die Anbetung des Kindes durch die Magier aus dem Morgenland, die ihre Gaben bringen. Die Magier mit dem Stern und die Taufe Jesu im Jordan.
Die Magier stehen für die Epiphanie, die Erscheinung Gottes als Mensch, die Taufe Jesu für seine Bestätigung als Gottessohn, die Verkündigung für den Beginn der Menschwerdung dessen, der dann der Lehrer aller Menschen wird. Umrahmt wird das Ganze von Symbolen der Frömmigkeit, die mit erhobenen Händen beten, sowie Hirten, die das jenseitige Glück des Paradieses versinnbildlichen: Haltung und Ziel der Erlösung.

unsere Sklavengestalt an – um sie zu erhöhen. Er wurde sterblich, um die Schatten des Todes wegzunehmen. Er wurde sichtbar und faßbar, um uns seinen Weg weisen zu können.
Die Christologie entspricht so der Erlösungslehre wie die beiden Seiten ein und derselben Medaille. Nur wenn Gott wirklich und völlig Mensch war, konnte er den Menschen ganz und gar retten. In der Paradoxie der Aussage vom wahren Gott, der wahrer Mensch ist, liegt begründet, daß der Erlöser Jesus Christus keine mythologische Götterfigur ist, sondern einer der unseren war.
Für die Väter der Alten Kirche war dies das höchste Geheimnis und die größte Realität zugleich. Die Menschwerdung Gottes war der Dreh- und Angelpunkt ihres Denkens, hinter das andere Fragen wie die Wunder Jesu oder seine Auferstehung zurücktreten. Sie waren kaum verwunderlich, *wenn* Gott Mensch geworden war.

CANTICUM Phil 2,6–11 (GL 174)

„Der überall gegenwärtig ist, kommt, um in dir das allumfassende Heil zu wirken“

Palmsonntag I

ANDREAS VON KRETA († 740): Aus einer Rede über die Palmzweige

Siehe, dein König kommt zu dir, gerecht und als Retter

Auch ich will zu Christus rufen: „Gesegnet sei der König Israels, der kommt im Namen des Herrn!“[1] Unsere Abschiedsworte an das Kreuz sind die Palmzweige, die wir ihm entgegenschwingen. Nicht mit Ölzweigen in den Händen wollen wir ihm zujubeln, sondern geschmückt mit den Almosen, die wir einander spenden. Wie Kleider wollen wir ihm die Sehnsucht unseres Herzens unter die Füße breiten, damit er in uns einziehe, ganz in uns sei und zeige, daß wir ganz in ihm sind. Zion wollen wir mit dem Propheten zurufen: „Fürchte dich nicht, Tochter Zion! Siehe, dein König kommt zu dir. Er ist gütig und reitet auf einem Esel, einem Fohlen, dem Jungen einer Eselin.“[2]

Der überall gegenwärtig ist und das All erfüllt, er kommt, um in dir das allumfassende Heil zu wirken. Er kommt, der „nicht gekommen ist, um Gerechte zur Umkehr zu rufen, sondern Sünder“[3], um die in der Sünde Verirrten zurückzuholen. Fürchte dich nicht, „Gott ist in deiner Mitte, darum wirst du nicht wanken“[4].

Nimm ihn auf, die Hände zum Himmel gewandt; denn er hat deine Mauern in seine eigenen Hände gezeichnet. Nimm ihn auf, denn er hat dein Fundament in seine Hände gelegt. Nimm ihn auf, denn er nimmt alles, was unser ist, auf sich außer der Sünde, um alles Unsrige in sich aufgehen zu lassen. Mutter, Stadt Zion, freue dich und fürchte dich nicht! „Feiere deine Feste.“[5] Wegen seines Erbarmens preise ihn, der in dir zu uns gekommen ist. Aber auch du, Tochter Jerusalem, freue dich sehr, singe und tanze! „Auf, werde Licht“ – mit Jesaja, der heiligen Posaune, rufen wir es –, „denn es

kommt dein Licht, und die Herrlichkeit des Herrn geht leuchtend auf über dir!"[6] Welches Licht? „Das jeden Menschen erleuchtet, der in die Welt kommt"[7], das ewige Licht, das zeitlose Licht, das der Zeit sichtbar wurde, das Licht, das im Fleisch erschienen, aber von Natur aus verborgen ist; das Licht, das die Hirten umstrahlte und den Weisen den Weg zeigte; das Licht, das von Anfang an in der Welt war, durch das die Welt geworden ist; das Licht, das in sein Eigentum kam, „das die Seinigen aber nicht aufnahmen"[8].
„Die Herrlichkeit des Herrn." Was für eine Herrlichkeit? Offenbar das Kreuz, an dem Christus verherrlicht wurde, der „Abglanz der Herrlichkeit" des Vaters[9], wie er selbst vor seinem Leiden sprach: „Jetzt ist der Menschensohn verherrlicht und Gott ist in ihm verherrlicht, und er wird ihn bald verherrlichen."[10] Damit nennt er seine Erhöhung am Kreuz Herrlichkeit. Das Kreuz ist ja die Herrlichkeit Christi, seine Erhöhung. Denn er sagt: „Wenn ich von der Erde erhöht bin, werde ich alle zu mir ziehen."[11]

[1] Lk 19,38. [2] Sach 9,9. [3] Vgl. Lk 5,32. [4] Vgl. Ps 46,6.
[5] Nah 2,1. [6] Jes 60,1. [7] Vgl. Joh 1,9. [8] Vgl. Joh 1,10.11.
[9] Hebr 1,3. [10] Joh 13,31.32. [11] Joh 12,32.

Kommentar

Das Geschehen, welches sich mit dem Einzug in Jerusalem dramatisch zuzuspitzen beginnt, ist nicht am Kreuz und auch nicht am

Zur Abbildung: *Die Zeit der Kirchenväter ist mit der Darstellung der Passion Jesu sehr vorsichtig gewesen. Das Kreuz als Galgen war erst unter Konstantin (306–337) abgeschafft worden und galt noch lange als anstößig. So ist auch auf dem Sarkophag, der hier ausschnitthaft gezeigt ist, keine Kreuzigungsdarstellung vorhanden, obwohl die feinen Reliefs durchgängig von der Martyriums-, Passions- und Erlösungsthematik bestimmt sind.*
In der Mittelachse wird der auf dem Esel nach Jerusalem reitende Messias (unten) dem über dem Himmel thronenden Christus (oben) gegenübergestellt. Wer derjenige ist, dessen Passion unten mit dem Einzug in die Hl. Stadt beginnt, zeigt sich beim Blick nach oben: Dort hat Caelus, die Personifikation des Himmels, das Tuch des Firmamentes aufgespannt und über ihm erscheint der Lehrer der Wahrheit und künftige Richter zwischen zwei Aposteln.
Es handelt sich hier um den wohl prächtigsten Sarkophag des 4. Jahrhunderts, angefertigt für den 359 gestorbenen Senator Junius Bassus, der römischer Stadtpräfekt war. Er ließ sich ganz in der Nähe des Petrusgrabes bestatten, wo der Sarkophag Ende des 16. Jahrhunderts bei den Bauarbeiten für den Hochaltar der jetzigen Peterskirche gefunden wurde. Heute ist er in der Schatzkammer von St. Peter zu bewundern.

CTVRAVRBINEOFITVSIITADDEVM VIII

Ostermorgen zu Ende. Da kommt der Messias, der künftige Richter, und zugleich der, der zeitlos immer da war, der an der Schöpfung beteiligt war – „durch ihn ist alles geworden" –, der alles umfaßt und umspannt. Diese universale, kosmologische Dimension des Erlösungsgeschehens wird oft ein wenig achtlos beiseite gelassen. Einem individuellen Verständnis von Erlösung wird der Vorzug gegeben.

Auch Andreas von Kreta liefert eine individualisierende Ausdeutung des Geschehens: Jerusalem, wohin der auf dem Esel reitet, das sind wir selbst. Wie der Messias den Bauplan Jerusalems kennt, so hat er, wie der Erzbischof von Kreta in Anspielung auf Jes 49,16 formuliert, auch meine, deine und unser aller Mauern „in seine eigenen Hände gezeichnet". Er kennt uns von Grund auf, denn er hat unser Menschsein ganz übernommen und in sich aufgehen lassen. Nun kommt es darauf an, ihn bei uns zu empfangen, ihm Aufnahme zu gewähren. Der Einzug in Jerusalem wiederholt sich also bei der Begegnung mit dem Erlöser auf ganz persönliche Weise bei einem jeden, der zum Glauben findet.

Dies ist freilich mehr als eine bloße fromme Metapher. Der Einzug des Heilands bei uns ist Erleuchtung, Blick auf „das Licht, das von Anfang an in der Welt war". Andreas verläßt hier die individuelle Ebene des Verstehens und verknüpft seine Interpretation des Palmsonntagsgeschehens mit der kosmischen Realität. Wer den Erlöser bei sich einziehen läßt, wird hineingenommen in das Drama der Passion, in dem dieses ewigen Lichtes Herrlichkeit in der Dunkelheit des Kreuzes zu enden scheint. Gerade dort aber zieht der Erlöser, der „alles auf sich nimmt, was unser ist", die ganz zu sich heran, die sich auf ihn eingelassen haben.

Palmsonntag zu feiern, ist somit die Aufforderung, Jesus, dem Christus, einen solchen Empfang zu bereiten, daß er „in uns einziehe, ganz in uns sei und zeige, daß wir ganz in ihm sind". Sich damit hineinnehmen zu lassen, in das die Welt erlösende Passionsgeschehen, ist die Quintessenz dieser frühbyzantinischen Predigt.

Psalm 46 (45) (GL 650)

„Er ist der König Israels, weil er die Herzen lenken will“

Palmsonntag II

Augustinus († 430): Aus einer Auslegung zum Johannesevangelium

Siehe, dein König kommt und sitzt auf einem Eselsfüllen

„Die Volksmenge, die zum Fest gekommen war, hörte, Jesus komme nach Jerusalem. Da nahmen sie Palmzweige, zogen hinaus, um ihn zu empfangen, und riefen: Hosanna! Gesegnet sei er, der kommt im Namen des Herrn, der König Israels!“[1] Die Palmzweige sind Lobgesänge, die auf den Sieg hinweisen; denn der Herr stand im Begriff, durch sein Sterben den Tod zu überwinden und über den Teufel, den Fürsten des Todes, mit dem Siegeszeichen des Kreuzes zu triumphieren. Hosanna ist ein Wort inständigen Bittens; es bezeichnet, wie der hebräischen Sprache kundige Leute sagen, mehr eine Gemütsbewegung als eine bestimmte Sache. Die Volksmenge sang ihm dieses Lob: „Hosanna! Gesegnet sei er, der kommt im Namen des Herrn!“[2] Was für eine geistige Qual mußte wohl der Neid der jüdischen Führer erleiden, als eine so große Menge Christus ihren König nannte? Aber was bedeutete es schon für den Herrn, König Israels zu sein? Was bedeutete es Großes für den König der Ewigkeiten, König der Menschen zu sein? König Israels ist Christus ja nicht, um Steuern einzutreiben oder ein Heer mit Waffen auszurüsten und sichtbar Feinde zu besiegen. Er ist vielmehr König Israels, weil er die Herzen lenken, weil er ihnen zum ewigen Leben verhelfen, weil er die Glaubenden, Hoffenden und Liebenden ins Himmelreich führen will.

„Und Jesus fand einen jungen Esel und setzte sich darauf.“[3] Hier wird das ganz knapp erzählt; denn wie es sich zugetragen hat, kann man bei den andern Evangelisten ausführlich nachlesen. Es wird aber auf dieses Geschehnis ein Prophetenwort angewandt, damit sich zeige, daß die bösartigen Fürsten der Juden ihn nicht erkannten, ihn, an dem sich doch erfüllte, was sie lasen. „Jesus fand also einen jungen Esel, setzte sich darauf – wie es in der Schrift heißt: Fürchte dich nicht, Tochter Zion! Siehe, dein König kommt; er sitzt auf dem Fohlen einer Eselin."[4] Diese Tochter Zion, zu der dies von Gott gesagt wird, war zugegen in jenen Schafen, die die Stimme ihres Hirten vernahmen:[5] sie war in jener Menge, die den herankommenden Herrn mit solcher Hingabe lobte, in solchem Zug geleitete. Und es heißt: „Fürchte dich nicht!" Erkenne den, der von dir gelobt wird, und laß dich nicht verwirren, wenn er leidet. Denn jenes Blut wird vergossen, durch das deine Sünde getilgt und das Leben zurückerstattet werden soll.

[1] Joh 12,12f. [2] Joh 12,13. [3] Joh 12,14. [4] Joh 12,14f.; vgl. Sach 9,9. [5] Vgl. Joh 10,4.

KOMMENTAR

In ihren Schriftkommentaren waren die Theologen der Antike nicht weniger gründliche Exegeten als die modernen. Hier nun schauen wir Augustinus bei der Auslegung des Johannesevangeliums über die Schulter, genauer bei seinen Bemühungen um die Perikope Joh 12,12–15: Jesu Einzug in Jerusalem.
Der Reihe nach wird jeder Vers gedeutet, und an der Oberfläche wirkt alles etwas bemüht und „brav": Die Palmenzweige in den Händen der Jubelnden weisen voraus auf den Sieg, den der Herr in Jerusalem über den Tod erringen wird. Schon vorher bereitet man dem künftigen Sieger einen Triumphzug. Und die ihn dabei mit lauten Zurufen ehren, sind das Bild für das Zions-Volk – nur für das Volk, nicht für die Fürsten der Juden. Sie erkennen den wahren König nicht.
Dies ist eine gewöhnliche Methode der Bibelauslegung bei den Vätern: alles in der Schrift hat eine künftige Bedeutung oder eine nachträgliche, alles wird „typologisch" gedeutet.
Ein wenig stutzt man jedoch über eine philologische Anmerkung,

Zur Abbildung: *Der Einzug Christi in Jerusalem nach einem Relief auf dem Sarkophag der Adelphia im Nationalmuseum Syrakus. Der Sarkophag ist um 340 entstanden. Die Szene befindet sich unten, ganz außen rechts, und korrespondiert so mit der Szene außen links, wo die Drei Jünglinge, die später in den Feuerofen geworfen werden, die Anbetung des durch Nebukadnezzar aufgestellten Götterbildes verweigern. Auch hier findet sich die typologische Inszenierung eines theologischen Gedankens: Im Gegensatz zu den Drei Jünglingen, die die Verehrung des falschen Gottes ablehnen, kommen die Leute, die Jesus vor Jerusalem einen triumphalen Empfang bereiten, zur Verehrung des wahren Gottes. Die Szene ist – schon im Neuen Testament – nach dem Muster des Einzugs eines triumphierenden Siegers in die Stadt gestaltet, wenngleich auch paradox gebrochen durch das Reittier, den Esel. Vielfach waren in der Antike dafür: Wenn der Kaiser als Triumphator in seine Stadt einzog, reckte er, wie hier Jesus, den Arm zum Gruß. Dies ist die* pacator-orbis-*Geste, der Gruß des Friedensbringers, den Hitler so schauerlich mißbrauchte.*
Interessant ist der kleine Mann, der im Baum sitzt: es ist Zachäus, der aus der vorhergehenden Perikope bei Lukas in diese Szene „hineingerutscht" ist, eigentlich aber zum Empfang Jesu vor Jericho gehört. Obwohl bei Lukas ein Jude, galt er doch, wegen seines Berufs als römischer Steuerpächter („Zöllner"), als Repräsentant der Heiden, die zuletzt zu Jesus, zum wahren Gott fanden.
Das Bild eines solchen feierlichen adventus-*Zeremoniells (in der Kirche in etwas abgewandelter Weise lange noch gebräuchlich in Form der „Abholung" des Bischofs, etwa zur Firmung) tauchte jedem antiken Menschen vor Augen auf, der vom Einzug Jesu in Jerusalem las oder hörte.*

die Augustinus als gewissenhafter Exeget macht: Er hat sich, da er selbst kein Hebräisch verstand, erkundigt, was „Hosannah" heiße, und erhielt zur Auskunft, es sei „ein Wort inständigen Bittens" und bezeichne „mehr eine Gemütsbewegung als eine bestimmte Sache".

Das Wort, mit dem um Rettung gerufen, der Angerufene aber zugleich als Retter gepriesen wird, ehrt im öffentlichen Empfangszeremoniell einen Sieger oder auch den König als Heiland (soter). Der Gewährsmann Augustins für das Hebräische betonte den emphatischen Schwung dieser Akklamation. Die innere Bewegung des Jubelnden, die mitreißende Wirkung der Zustimmung zu Jesus, sie ist es, durch die dieser König seine ganz andere Gewalt über die Menschen ausübt. Die Macht dieses Herrschers liegt darin, die Herzen der Menschen lenken zu können, um ihnen so Leben, Hoffnung und Liebe zu schenken.

Es ist sicherlich nicht falsch, hier Augustinus aus der eigenen Selbsterfahrung sprechen zu sehen, wie wir es auch aus seinen *Confessiones* kennen (deren Titel bedeutet ja nicht nur „Bekenntnisse", sondern auch „Lobpreisungen").

Psalm 118 (117) (GL 235/26)

„Er ertrug in vielen vieles“

Gründonnerstag I

Meliton von Sardes († vor 190): Aus einer Osterpredigt

Das geopferte Lamm hat uns dem Tod entrissen und dem Leben wiedergegeben

Die Propheten haben vieles vorausverkündigt über das Paschamysterium, das Christus ist, „dem Ehre sei in alle Ewigkeit. Amen“[1]. Er kam vom Himmel auf die Erde wegen des leidenden Menschen; den leidenden Menschen zog er wie ein Kleid an im Schoß der Jungfrau und ging hervor als Mensch; durch einen Leib, der dem Leiden ausgesetzt war, nahm er die Leiden des leidenden Menschen auf sich und vernichtete die Leiden des Fleisches. Durch den Geist aber, der nicht sterben konnte, tötete er den Mörder Tod.
Er wurde zum Schlachten geführt wie ein Lamm und getötet wie ein Schaf[2]. Wie aus einem Ägypten erlöste er uns aus dem Dienst der Welt. Er rettete uns aus der Knechtschaft des Teufels wie aus der Hand des Pharao; er besiegelte unsere Seelen mit seinem eigenen Geist[3] und die Glieder unseres Leibes mit seinem Blut.
Er ist es, der Verwirrung über den Tod brachte und den Teufel in Trauer versetzte wie Mose den Pharao. Er schlug die Bosheit und verdammte die Ungerechtigkeit zur Unfruchtbarkeit wie Mose Ägypten.
Er ist es, der uns der Knechtschaft entrissen und uns befreit hat, der uns aus der Finsternis zum Licht führte, vom Tod zum Leben, von der Gewaltherrschaft zu ewigem Königtum, der uns zu einer neuen Priesterschaft machte, zu einem erwählten und ewigen Volk[4]. Er ist das Paschalamm unseres Heils.
Er ertrug in vielen vieles: Er wurde in Abel gemordet. In Isaak wurden ihm die Füße gefesselt, in Jakob mußte er auswandern. In Josef wurde er verkauft, in Mose ausgesetzt, im Lamm geschlach-

tet, in David verfolgt, in den Propheten geschmäht. Er wurde Mensch in der Jungfrau, ans Holz gehängt, in das Grab der Erde gesenkt. Er erstand von den Toten und stieg empor zur Höhe des Himmels. Er ist das Lamm, das verstummt[5], aus der Herde geholt, zum Schlachten geführt, am Abend geopfert und in der Nacht begraben. Am Holz zerbrach man ihn nicht[6], und im Grab verweste er nicht[7]. Er stand von den Toten auf und erweckte den Menschen aus dem Grab der Unterwelt.

[1] Hebr 13,21. [2] Vgl. Jes 53,7. [3] Vgl. Eph 1,13. [4] Vgl. 1 Petr 2,9.
[5] Vgl. Jes 53,7. [6] Vgl. Ex 12,46. [7] Vgl. Apg 2,31.

Kommentar

Die Liturgiereform hat für die Kar- und Ostertage aus den Vätertexten einen der großartigsten und ältesten ausgewählt. Als ganzer ist dieser Text erst 1960, während der Vorbereitungen zum II. Vatikanischen Konzil, bekannt geworden.

Es ist die früheste bekannte Osterpredigt, oder genauer: Es ist eine Predigt, die Meliton, der Bischof von Sardes, dessen Gemeinde erstmals in der Johannesoffenbarung erwähnt wird (1,11), in der Mitte des 2. Jahrhunderts bei der christlichen Pascha- und Auferstehungsfeier gehalten hat, die damals noch nicht wie heute auf mehrere Tage verteilt war.

In seiner Predigt betont Meliton scharf den Gegensatz zwischen einst und jetzt, der Zeit vor und nach dem Christusereignis: „Alt ist das Gesetz, neu das Wort." Die Klammer zwischen beiden Perioden sind die Propheten, die als geisterfüllte Menschen vieles voraussahen und vorausverkündigten. Aber mehr noch als sie ist es Christus selbst, der die Heilsgeschichte zusammenhält. Sie ist allerdings nicht als organische Entwicklung zu verstehen, sondern mehr als eine Ordnung der Dinge, die sich in ihm konzentriert. Er war und ist für Meliton nicht allein das beim Auszug aus Ägypten geschlachtete Lamm, sondern auch der gemordete Abel, der bei Abrahams Opfer auf den Holzstoß gebundene Isaak, der von Esau verfolgte Jakob, der nach Ägypten verkaufte Josef, der im Weiden-

Bitte Absender nicht vergessen:
(mögl. in Druckschrift)

(Name)

(Vorname)

(Straße/Hausnr.)

(PLZ/Ort)

(Beruf)

Diese Karte habe ich dem nachstehend aufgeführten Buch entnommen:

Bitte frankieren wenn Briefmarke zur Hand

Postkarte – Antwortkarte

VERLAG

FRIEDRICH PUSTET

Postfach 11 04 41

8400 Regensburg 11

Zur Abbildung: *Entwicklungsgeschichtlich gesehen geht das hier in der Mosaikkuppel des Baptisteriums des Domes von Neapel (5. Jh.) wiedergegebene Staurogramm dem Christogramm (Chi-Rho) voraus. Es entstand wohl noch im 2. Jahrhundert als heilige Abkürzung für das griechische Wort* staurós*: Kreuz. Dabei wurden das griechische* T *(t) und* P *(r) aus diesem Wort zusammengezogen. Das Kreuz selbst darzustellen, wagte man ja zunächst nicht.*
Wenn im Mittelfeld der Kuppel eines Baptisteriums, direkt über dem Taufbecken, ein solches Staurogramm wiedergegeben wird, das das Kreuz und den Gekreuzigten repräsentiert, so hat dies seinen tiefen Sinn. Über dem P *(Rho) erscheint ein edelsteingeschmückter Siegeskranz. Darüber der Vogel Phönix als Bild der Auferstehung aus der Asche. Der Buchstabe selbst ist, ähnlich wie der Vogel, oben von einem Nimbus umfangen. Golden schimmert das Todes- und Siegesmotiv vor dem ewigen dunkelblauen Himmel. Alpha und Omega, Symbole des Anfangs und Endes, und die den ganzen Kosmos vertretenden, glitzernden Sterne betonen: Das Geheimnis des Sieges am Kreuz ist ein universales – und Du, Täufling, erhälst Zugang dazu!*

körbchen ausgesetzte Moses, der von seinem Sohn Abschalom aus Jerusalem vertriebene David (2 Sam 15,13–16,14), die Propheten, über die geschrieben steht: „Jerusalem, Jerusalem, du tötest die Propheten und steinigst die Boten, die zu dir gesandt sind" (Mt 23,37). Jesus Christus ist in allen diesen präsent, er ist das leidende Prinzip der Heilsordnung. Wo er am Holz hängt, wird er völlig identisch damit. Er litt und ist das Leid. Auferstehung ist aber der Exodus aus Qual, Kummer, Mord, Verrat, Verfolgung, Mißachtung, Elend: „Durch den Geist, der nicht sterben konnte, tötete Er den Mörder Tod ... Wie aus einem Ägypten erlöste er uns aus dem Dienst der Welt."

Besonders für die Täuflinge wurde dieser strukturelle Gegensatz von alt und neu, von früherem und neuem Leben in der Feier der Pascha- und Osternacht erfahrbar. Nicht zufällig zitiert Meliton in seiner Predigt immer wieder Teile aus dem Credo der Gemeinde, das die Täuflinge in der Taufe übernahmen: Der zentrale Glaubenssatz war damals wie heute: „Er wurde Mensch in der Jungfrau, ans Holz gehängt, in das Grab der Erde gesenkt. Er erstand von den Toten und stieg empor zur Höhe des Himmels."

Psalm 40 (39) (GL 725)

„Der kleine Raum wurde zum Spiegel“

Gründonnerstag II

EPHRÄM DER SYRER († 373): Aus den Paschahymnen*

Loblied auf den Abendmahlssaal

Selig bist du, o Raum (des Abendmahls)! Denn in dir war die Waage – der Wahrheit aufgerichtet für beide Seiten. – Zwei Pascha waren da und zwei Lämmer, – und zwei Völker, zwei Gesetze. – Das Volk glich seinem Pascha: ein vergängliches Lamm; – und wie die Zeit des Lammes verging und verschwand das Volk. Die Erlösung der Völker ist Wahrheit, die nicht schwindet. – Denn es ist das Lamm, das nicht vergeht.
Selig bist du, o Raum! Denn zwei Jünger[1] wurden ausgesandt, – und sie kamen und bezeichneten dich für sein Abendmahl. – Verachtet wurde der Tempel, den Salomon baute, – und der Palast des Herodes. – Reinheit wählte er, und in dir sah er sie. [–Keuschheit wählte er, und in dir fand er sie. – Deinem Glauben gab er die Reste seines Segens, – den Lohn für deinen Dienst.
Selig bist auch du, Ort des Gerechten! – Du aber, Raum, in dem unser Herr seinen Leib brach, – der kleine Raum wurde zum Spiegel – für die ganze Schöpfung, die er erfüllte. – Das kleine Testament war gegeben worden – durch Moses vom gepriesenen Berg aus. – Das große Testament – ging von der kleinen Wohnung aus und erfüllte die Erde.
Alles, was von Moses getan worden war, – war schwach, da es nur Gleichnisse waren. – Und es war angebracht, daß sie wuchsen, um nicht verachtet zu werden, – bis sie zu ihrer Erfüllung kommen sollten. – Bei jener Größe aber unseres Erlösers – war es angebracht, daß sie klein wurde, weil es unmöglich ist, daß seine Natur, – die preiswürdige, von seinen Geschöpfen geschaut werde – ohne das Kleid der Schwachheit.

In dir sah den Herrn auch Abraham, – als er mit einem Kalb[2] für die Engel kam. –] Die Serafim erschauderten, da sie den Sohn sahen, – wie er das Linnenkleid an seine Hüfte legte – und die Füße im Becken[3] wusch, – auch den Schmutz des Diebes[4], der ihn verriet. [– Jeder Mund ist zu klein und jede Zunge zu schwach; – sie versagen vor seinen sichtbaren Taten.]
Unser Herr reinigte den Körper der Brüder – im Becken, das ein Symbol der Eintracht ist. – Symbolisch wurde auch das eine Glied abgetrennt, – das sich selber abschnitt, sich selber preisgab. – Im Schoß des Taufwassers hat Christus uns auf neue Weise zusammengefügt. – Seien wir nicht getrennte Glieder, – die gegen sich selber disputieren, ohne zu merken, – daß sie mit ihrer Liebe[5] streiten.
Selig, o Raum, dessen Kleinheit – gegen die ganze Schöpfung gestellt ist! – Was in dir geschah, die ganze Schöpfung – ist davon voll, sie ist zu klein dafür. – Selig deine Wohnung, in der gebrochen wurde – jenes Brot aus der gesegneten Garbe. – In dir wurde gekeltert – die Traube aus Maria, der Kelch des Heils.
Selig, o Raum! Denn kein Mensch sah, – und wird sehen, was du gesehen hast: unser Herr zum wahren Altar geworden, – Priester und Brot und Kelch des Heils, – er für sich allein all das umfassend! – Daß ein andrer ihn voll erfasse, ist unmöglich. – Altar und Lamm, Opfer und Opferpriester, – Priester und Opferspeise.
[Selig, o Raum! Denn in dir traf – das Paschalamm auf das wahre Lamm. – Es trat ein und kam zur Ruhe das müde Symbol – im Schoß der Ruhe und fand darin sein Ziel. – Selig deine Wohnung, in der vollzogen wurde – jenes Pascha, das nicht seinesgleichen kennt. – Das vergängliche Lamm nahm und gab seine Herrschaft – dem Lamm Gottes[6].]
Selig, o Raum! Denn niemals wurde aufgestellt – unter Königen ein Tisch wie der deine, – auch nicht im Zelt des Allerheiligsten, – wo die Schaubrote aufgestellt waren. – In dir wurde zuerst gebrochen – jenes Brot; denn du, o Raum, wurdest zu seiner Kirche. – Erstling der Altäre, der es wurde durch sein Opfer, – in dir erschien er zuerst.
In dir, o Raum, ist auch abgebildet die Trennung, – jene neue, die kommen wird. – Es ging nämlich weg in die Nacht hinaus der Sohn

der Finsternis, und er legte das ihm verwandte Kleid des Dunkels an. [– Es zürnte der Schwarze, erhob sich und ging hinaus, – das Haupt der Böcke[7], und kehrte nicht mehr zurück.] – Im Gericht werden seine Verwandten, die Böcke, getrennt – von den Lämmern des Lichts.

* Im Lektionar II/2 zum deutschen Stundenbuch wird die Lesung nach der Sammlung, aus der die Übersetzung genommen wurde, „Lobgesang aus der Wüste" bezeichnet. Sie erscheint im Stundenbuch um die in eckigen Klammern gesetzten Teile verkürzt.

[1] Vgl. Mk 14,13. [2] Vgl. Gen 18,8. (Die Erscheinung der Engel bei Mamre wurde als alttestamentliche Erscheinung der Dreifaltigkeit verstanden.) [3] Joh 13,4f. [4] Vgl. Joh 12,6. [5] D. h. mit Christus. [6] Joh 1,29. [7] Mt 25,32.

Kommentar

Der heutige Text ist ein Hymnus und so will er auch gelesen werden, als Gedicht über den Abendmahlssaal. Es stammt ursprünglich aus dem Syrischen. Erst seit der Liturgiereform berücksichtigt das Brevier auch Kirchenväter, die nicht lateinisch oder griechisch schrieben, mutet damit freilich dem Leser auch einigermaßen Fremdartiges zu.

Der Autor des Liedes war Mitte des 4. Jahrhunderts Lehrer, Chorleiter und „Hirtenknecht" (Diakon) des Bischofs von Nisibis, einer Stadt Mesopotamiens, im Grenzland der heutigen Türkei und Syriens. Er war schon zu seiner Zeit ein weit bekannter Theologe und bis heute werden seine Dichtungen in syrischen Liturgien gesungen. Man muß sie sich von einem Vorsänger vorgetragen vorstellen, den die Gemeinde nach jeder Strophe mit einem Antwortvers unterbrach.

Das Responsorium dieses Liedes hieß: „Gepriesen sei jener, den seine Symbole verkünden!" Dies gibt schon an, wie Ephräm das Geschehen im Abendmahlssaal versteht: in höchstem Maße symbolisch. Äußerlich gesehen, fallen hier jüdisches Paschamahl und Eucharistie zusammen, doch transponiert der Herr darin jetzt ein altes „müde" gewordenes Symbol in eine neue Wirklichkeit. Diese beinhaltet ihn selbst und die ganze, nun von alt nach neu springende Geschichte Gottes mit den Menschen. Christus ist selbst in

völliger Weise präsent: in seiner freiwilligen Demut, seiner priesterlichen Heiligkeit, in seiner göttlichen Majestät, in seiner menschlichen Schwachheit, mit seiner Menschenliebe.
Wie ein Spiegel gibt der Abendmahlssaal dabei die Wirklichkeit der Kirche wieder, die immer beides ist, Ort Gottes und seine Gemeinde. Hier ist Gottes Realpräsenz und gleichzeitig die Wirklichkeit des „abgetrennten Gliedes“, des Schwarzen, Bösen, der Böcke, des Judas. Beides gehört zur Kirche, die als unvollkommene auf dem Weg ist bis zum Gericht. Diese Kirche ist nicht mehr Tempel oder Allerheiligstes, sondern eine „kleine Wohnung“. Und dennoch: „Was in dir geschah, die ganze Schöpfung ist davon voll, sie ist zu klein dafür.“ Der Abendmahlssaal wird so als Konvergenzpunkt der neuen Wirklichkeit Gottes unter den Menschen hymnisch, aber unverblümt gefeiert.

Psalm 111 (110) (GL 685)

Zur Abbildung: *Unsere Vorstellung vom Abendmahl ist nachhaltig durch die Darstellung Leonardo da Vincis im Refektorium von Santa Maria delle Grazie in Mailand (1495–97) geprägt. In der Antike lag man jedoch zu Tisch. Dieser war meist hufeisenförmig, wie auf diesem Mosaik des frühen 6. Jahrhunderts in Sant'Apollinare Nuovo in Ravenna gut zu sehen. Der vornehmste Platz war nicht in der Mitte, sondern außen rechts, wie es schon Psalm 110,1 sagt: „Setze dich mir zur Rechten" (für den Betrachter ist das links). Hufeisenförmige Altarplatten, die noch die antike Form des Tisches konservieren, haben sich vereinzelt in der koptischen und syrischen Kirche erhalten.*

„Geh nicht eilig an dem verborgenen Mysterium vorbei“

Karfreitag I

JOHANNES CHRYSOSTOMUS († 407): Aus einer Katechese

Die Kraft des Blutes Christi

Willst du erfahren, welche Kraft das Blut Christi besitzt? Dann laß uns zurückgehen bis zu dem Vorausbild. Auf das frühe Vorausbild wollen wir uns besinnen und die Niederschrift aus der Vergangenheit erzählen.

Mose sagt: „Tötet ein einjähriges Lamm und bestreicht mit seinem Blut die Tür.“[1] Was sagst du da, Mose? Kann denn das Blut eines Lammes den vernunftbegabten Menschen befreien? Gewiß, sagt er, weil es auf das Blut des Herrn verweist. Wenn der Feind nicht das Blut des Vorbildes an Pfosten, sondern auf den Lippen der Glaubenden das kostbare Blut der Wahrheit leuchten sieht, mit dem der Tempel Christi geweiht ist, dann weicht er viel weiter zurück.

Willst du der Kraft dieses Blutes noch weiter nachforschen? Dann schau bitte, woher es kommt und aus welcher Quelle es entspringt. Vom Kreuz Christi kam es zuerst, aus der Seite Christi nahm es den Anfang. Denn das Evangelium[2] berichtet: Als Jesus tot war und noch am Kreuz hing, kam ein Soldat herbei und stieß die Seite auf. Da floß Wasser und Blut heraus: Symbol der Taufe das eine, Symbol des Mysteriums (der Eucharistie) das andere. Der Soldat hat die Seite geöffnet und die Wand des Tempels aufgetan. Ich habe den herrlichen Schatz gefunden und bin glücklich, den glanzvollen Reichtum entdeckt zu haben. So war es auch mit dem Lamm: Die Juden haben es geschlachtet, und ich erfahre die Frucht des Opfers.

Blut und Wasser aus der Seite. Lieber Hörer, bitte geh nicht eilig an

dem verborgenen Mysterium vorbei. Denn ich muß noch mystische und geheime Dinge aussprechen: Ich sagte, dieses Wasser und Blut seien Sinnzeichen für die Taufe und das Mysterium. Daraus ist die heilige Kirche aufgebaut, durch die Wiedergeburt aus dem Wasser und die Erneuerung des Heiligen Geistes, ich sage euch: durch die Taufe und das Mysterium, das aus seiner Seite hervorging. Aus seiner Seite nämlich baute Christus die Kirche, wie aus der Seite Adams Eva, die Gattin, kam.
Dafür ist auch Paulus Zeuge, wenn er sagt: „Wir sind Glieder seines Leibes“, von seinem Gebein genommen[3], womit er die Seite meint. Denn wie Gott aus der Seite des Adam die Frau schuf, so gab uns Christus aus seiner Seite Wasser und Blut, wodurch die Kirche erbaut werden sollte. Wie Gott die Seite öffnete, während Adam im Schlaf ruhte, so schenkte er uns jetzt nach dem Tode Christi aus seiner Seite das Wasser und das Blut.

[1] Vgl. Ex 12,6.7. [2] Joh 19,33ff. [3] Vgl. Eph 5,30; Gen 2,23.

Kommentar

Zweierlei Bedeutung hat der griechische Begriff „mysterion“ in altkirchlicher Zeit: er bezeichnet das praktizierte innerste Geheimnis einer (Mysterien-)Religion oder eines Kultes bzw. das künftige und für alle offenbare Erlösungsgeheimnis Gottes, das bislang nur den Sehern und Aposteln klar ist und von ihnen verkündet wird. In diesem Sinne formuliert Paulus in 1 Kor 15,51: „Seht, ich enthülle euch ein Geheimnis (mysterion): Wir werden nicht alle entschlafen, aber wir werden alle verwandelt werden.“ Dieser Mysterienbegriff steht eng im Zusammenhang mit apokalyptischen Visionen; die andere Vorstellung vom Kultmysterium hat ihre Heimat im Bereich der griechischen Erlösungsreligionen, z. B. den eleusinischen Mysterien, den Dionysos- und Isis-Mysterien, der Mithras-Religion.
Die Diskussion darum, wie weit Elemente und Anschauungen dieser Religionen auf das Christentum Einfluß gewonnen und „abgefärbt“ haben, ist eng mit dem Namen des Benediktiners Odo

Casel (1886–1948) und seiner Mysterientheologie verbunden. Inwieweit diese stimmig und historisch begründbar ist, muß hier nicht diskutiert werden. Fest steht: ab dem Anfang des 4. Jahrhunderts n. Chr. kann im Griechischen mit „mysterion“ das bezeichnet werden, was lateinisch „sacramentum“ heißt, speziell die Sakramente der Taufe und der Eucharistie. Dieser Wortgebrauch findet sich zuerst bei Eusebius (um 260–339) und auf der Synode aller ägyptischen Bischöfe in Alexandria, die 338 unter dem Vorsitz des Athanasius tagte. Gemeint ist das religiöse Geheimnis, das Gott am Menschen im Sakrament vollzieht und in das er ihn hineinnimmt.
Der geheimnisvolle Aspekt des sakramentalen Handelns Gottes durch die Kirche ist heute gewiß nicht leicht zu vermitteln, wo unter dem „Mysteriösen“ das Zweifelhafte, Zwielichtige und Undurchsichtige verstanden wird. Der Zugang zur Katechese des Johannes Chrysostomus ist also nicht einfach.
Das Erlösungsgeschehen am Kreuz wird hier nicht als Erlösung vom Tode gedeutet (dies steht in der Väterlesung des Stundenbuchs am morgigen Karsamstag im Vordergrund), sondern als die Stunde, in der die beiden Hauptsakramente, Taufe und Eucharistie, geschaffen wurden.
Wie schon das Neue Testament (Joh 1,29b; Apg 8,26–40; 1 Petr 1,18f; Offb 7,14) zieht der Bischof von Konstantinopel das „Vorausbild“ (typos) des jüdischen Paschalammes heran, um zu zeigen, daß Jesu Tod als Opfer der Gewalt, geopfert wie das Lamm des Paschafestes, eine neue Opfertradition begründet: die des Sakramentes.
Dabei erfährt die Nachricht aus dem Johannesevangelium, Jesu „Seite“ sei nach seinem Tode durch einen Lanzenstich geöffnet worden, so daß „Blut und Wasser“ herausflossen, eine ebenfalls typologisch-symbolische Bedeutung: war das Paschalamm „Vorausbild“ von Jesu Opfertod, so sind „Blut und Wasser“ die Vorausbilder der Mysterien von Taufe und Eucharistie. Mehr noch: sie sind Vorausbilder des Ursakraments Kirche, welche diese Mysterien fortgesetzt feiert. Kirche ist sakramentale Wirklichkeit – eine tröstliche Wirklichkeit auch für den, der an ihr so manches der Kritik würdig findet.

Zur Abbildung: *Im Gegensatz zur altchristlichen Kunst des 3. und frühen 4. Jahrhunderts, in der bevorzugt sehr erzählfreudig biblische Ereignisse des Alten und Neuen Testaments wiedergegeben werden, wird die christliche Kunst ab der Mitte des 4. Jahrhunderts stärker von abstrakten theologischen Gedanken geprägt. Zwischen 401–403 wurde die Bischofskirche von Nola bei Cimitile (Campanien/Süditalien) unter dem Einfluß des späteren Bischofs von Nola, Paulinus (353–431), und von diesem gesponsert, mit Mosaiken ausgestattet. Das Mosaik der Apsis ist zwar verloren, kann aber aus einem Brief des Paulinus (ep. 32) unter Hinzuziehung anderer Mosaiken (z. B. des Apsismosaiks in S. Apollinare in Classe bei Ravenna) rekonstruiert werden.*
Es zeigt das zum Triumphsymbol verherrlichte Kreuz Christi und stellt, wie die Katechesen des Johannes Chrysostomus, den Bezug zur Taufe und zur Kirche her, indem es direkt unter dem Kreuz die Taube des Hl. Geistes und das Christus-Lamm auf dem Paradiesberg anordnet, von dem nach Gen 4,10 vier Flüsse ausgehen. Deren Wasser deutet Paulinus auf die Ströme der Wahrheit, mit welchen die vier Evangelisten die Welt befruchten. Auf anderen Bildern ist der Hinweis auf die Taufe deutlicher, insofern als wichtigster dieser Flüsse der Jordan angesehen wurde, in dem Jesus die Taufe als Urbild aller Taufen empfing. Dieser Gedanke ist deshalb für den antiken Betrachter immer auch mit gegeben. (Die sechs Lämmer rechts und links des Berges – Repräsentanten der Apostel – sind bei dieser Rekonstruktion umstritten.)

Wer einen Augenblick ruhig darüber nachdenkt, wird dessen inne, daß die Verbindung von Kreuzestod und den Sakramenten, die den Christen in das erlösende Geschehen von Kreuz und Auferstehung und damit auch in die Kirche hineinnehmen, zwar mit vielen theologischen Argumenten begründet werden kann, letztlich aber nicht argumentativ zu erfassen ist. Denn das *Geschehen* von Kreuz und Auferstehung ist das *Geheimnis* von Kreuz und Auferstehung. Und so ist es nichts weniger als konsequent, wenn die Sakramente, die uns in dieses Geschehen hineinziehen, Mysterien, Geheimnisse, heißen.

Es gilt also, sich am Karfreitag in ein Geheimnis zu vertiefen – das „Geheimnis des Glaubens", das oft leichter zu feiern als zu verkünden zu sein scheint, das niemals simpel ist, sondern immer anspruchsvoll, niemals ganz zu begreifen ist, aber deshalb auch uns über uns hinausführt.

Eines der Worte, die mich in der letzten Zeit am meisten beeindruckt haben und mir nachgegangen sind, stammt von dem 1988 verstorbenen Kardinal Hermann Volk, der über das Geheimnis der Eucharistie gesagt hat: „Gehört nicht auch unser Tod zur Teilnahme an der heiligen Messe? Tatsächlich, die Teilnahme an der Messe wird erst abgeschlossen durch unseren eigenen Tod. Denn es geht ums Ganze. Und bei Christus ist das Ganze gefordert, sein Leben. Erst unser eigener Tod vollendet unsere Teilnahme an der heiligen Messe." Da ist ergreifend viel angesprochen von dem Geheimnis, in das uns die Sakramente als Vergegenwärtigung von Kreuz und Auferstehung hineinstellen.

Psalm 22 (21) (GL 715–717)

„Es ist die Pflicht jeder Zeit, das Kreuz zu tragen“

Karfreitag II

LEO DER GROSSE († 461): Aus einer Predigt über die Passion des Herrn

Aufruf zur Kreuzesnachfolge

Wir wissen, daß unter allen christlichen Festtagen das österliche Geheimnis hervorragt. Um es würdig und geziemend zu empfangen, bereiten uns zwar die Feiern des ganzen Jahres vor. Doch verlangen vor allem die gegenwärtigen Tage, die jenem erhabenen Sakrament der göttlichen Barmherzigkeit unmittelbar vorausgehen, unsere Hingabe. An ihnen haben die Apostel durch Unterweisung des Heiligen Geistes mit Recht strengeres Fasten angeordnet; so sollten auch wir durch Anteilnahme am Kreuze Christi etwas beitragen zu dem, was er für uns getan hat, wie der Apostel sagt: „Wenn wir mit ihm leiden, werden wir auch mit ihm verherrlicht werden.“[1] Sicher und zuverlässig ist die Erwartung der verheißenen Seligkeit, wenn man teilnimmt am Herrenleiden.
Der Herr sagt ja in seinen Ermahnungen: „Wer nicht sein Kreuz auf sich nimmt und mir nachfolgt, ist meiner nicht würdig.“[2] Wir dürfen auch nicht daran zweifeln, daß dieses Wort nicht bloß die Jünger Christi angeht, sondern alle Gläubigen und die gesamte Kirche; sie vernahm ja in ihrer Gesamtheit in denen, die damals anwesend waren, ihr Heil.
Wie es die Pflicht jeder Zeit ist, fromm zu leben, so ist es auch die Pflicht jeder Zeit, das Kreuz zu tragen. Mit Recht ist für jeden einzelnen von seinem Kreuz die Rede, denn jeder trägt es auf besondere Weise und in besonderem Maß. Der selige Ijob, belehrt durch den Wechsel von Gutem und Schlimmem in dieser Welt, sagt fromm und zutreffend: „Ist nicht das Leben des Menschen auf

Erden eine Versuchung?"[3] Denn nicht nur von Schmerzen und Qualen des Leibes wird die gläubige Seele betroffen, sondern bei unversehrten Gliedern auch von schwerer Krankheit bedrängt, wenn sie sich durch Fleischeslust verweichlichen läßt. Aber „wenn das Begehren des Fleisches sich gegen den Geist richtet"[4], dann wird die vernünftige Seele durch den Schutz des Kreuzes Christi unterwiesen und läßt sich nicht dazu verleiten, in die schädlichen Lüste einzuwilligen; denn sie wird durch die Nägel der Enthaltsamkeit und die Furcht Gottes durchbohrt.

Durch diese seine eigenen Erfahrungen belehrt, soll jeder Gläubige sich mit Christi Kreuz wappnen, um Christi würdig zu sein.

[1] Vgl. Röm 8,17. [2] Mt 10,38. [3] Ijob 7,1 (Vg.). [4] Vgl. Gal 5,17.

Kommentar

Die alte Kirche kannte seit dem 3. Jahrhundert die vierzigtägige Fastenzeit, in der man auf Fleisch und Wein verzichtete, und von Brot, Wasser und vegetarischer Kost lebte. Das Osterfasten wurde davon jedoch unterschieden. Zum einen, weil es nach der Pause am Gründonnerstag, an dem man in den Thermen ein Bad nehmen durfte und das Fasten unterbrochen werden konnte, am Karfreitag neu einsetzte, zum anderen, weil an den beiden letzten Tagen vor Ostern schärfer gefastet wurde: man beschränkte sich auf Brot und trank während des Tages nichts. Das Fasten galt allgemein als Bußleistung, als heilend und reinigend, es verstärkt die Kraft des Gebetes, führt zur Seelenruhe und damit zur geistlichen Erneuerung. Für das Osterfasten stellt Leo d. Gr. seinen Charakter als Opferleistung heraus; die damit verbundene Demutshaltung und Selbsterniedrigung ist „Teilnahme am Kreuze Christi". Die bewußt auf sich genommene Erfahrung vorübergehenden Verzichts trainiert die Seele, härtet sie ab. Nichts anderes heißt ja auch „Askese" ursprünglich: Übung. Verzicht, Einschränkung und Entbehrung sind dann nicht unbekannt, wenn im Sinne Christi Selbstlosigkeit, Entäußerung und Opferbereitschaft gefordert sind.

Psalm 31 (30) (GL 293)

Zur Abbildung: *Ijob galt in der Zeit der Alten Kirche als Vorbild Christi, als leidender Gerechter, der steigenden Versuchungen widerstand, und als Beispiel eines geduldigen Büßers. So wie Gott den unschuldig und tugendhaft Leidenden schließlich belohnte, konnte der büßende Sünder auf Vergebung hoffen.*
Auf frühen Darstellungen wie dieser Katakombenmalerei des 4. Jahrhunderts begegnen wir ihm meist auf einem wie ein Block aussehenden Dunghaufen sitzend. Vor dem Original erkennt man, daß das rechte Bein, auf dem die Hand liegt, wund und geschwollen ist (vgl. Ijob 2,7f).

Die Suche nach dem Menschen

Karsamstag I

EPIPHANIUS († 535) zugeschrieben: Aus einer Homilie am großen und heiligen Sabbat

Der Abstieg des Herrn in die Welt des Todes

Was ist das? Tiefes Schweigen herrscht heute auf der Erde, tiefes Schweigen und Einsamkeit. Tiefes Schweigen, weil der König ruht. „Furcht packt die Erde, und sie verstummt“[1], weil Gott – als Mensch – in Schlaf gesunken ist und Menschen auferweckt hat, die seit unvordenklicher Zeit schlafen. Gott ist – als Mensch – gestorben, und die Unterwelt erbebt. Gott ist für kurze Zeit in Schlaf gesunken und hat die in der Welt des Todes auferweckt[2].

Er geht auf die Suche nach dem erstgeschaffenen Menschen wie nach dem verlorenen Schaf[3]. Besuchen will er, „die völlig in Finsternis sitzen und im Schatten des Todes“[4]. Er kommt, um den gefangenen Adam und die mitgefangene Eva von ihren Schmerzen zu erlösen, er, zugleich Gott und der Eva Sohn[5].

Er faßt Adam bei der Hand, hebt ihn auf und spricht: „Wach auf, Schläfer, und steh auf von den Toten, und Christus wird dein Licht sein!“[6] Ich habe dich nicht geschaffen, damit du im Gefängnis der Unterwelt festgehalten wirst. „Steh auf von den Toten!“ Ich bin das Leben der Toten. Steh auf, mein Geschöpf, steh auf, meine Gestalt, nach meinem Abbild geschaffen! Erhebe dich, laß uns weggehen von hier! Du bist in mir und ich in dir[7], wir sind eine unteilbare Person. Deinetwegen wurde ich dein Sohn, ich, dein Gott. Für dich nahm ich, der Herr, deine Knechtsgestalt an. Für dich kam ich auf die Erde und unter die Erde, ich, der über den Himmeln thront. Für dich, den Menschen, bin ich ein Mensch geworden „ohne Hilfe, frei unter den Toten“[8]. Du wur-

dest vom Garten ausgestoßen, ich wurde vom Garten aus den Juden überliefert und in einem Garten begraben.
Sieh den Speichel in meinem Gesicht! Deinetwegen ließ ich es geschehen, um dir den Anhauch des Ursprungs wiederzugeben[9].
Sieh die Backenstreiche, die ich empfing, um deine verderbte Gestalt nach meinem Bild wiederherzustellen.
Sieh die Spur der Geißelhiebe auf meinem Rücken, die ich mir gefallen ließ, um deine Sünden zu vernichten, die auf deinem Rücken lasten. Sieh meine Hände, die so glückverheißend mit Nägeln an das Kreuz geheftet sind, deinetwegen: denn du strecktest (einst) zu deinem Unglück deine Hände aus nach dem Holz. Ich entschlief am Kreuz, und die Lanze durchbohrte meine Seite, für dich, denn im Paradies fielst du in Schlaf und brachtest aus deiner Seite Eva hervor. Meine Seite heilte die Wunden deiner Seite. Mein Schlaf wird dich aus dem Schlaf der Totenwelt herausführen.

[1] Ps 76,9. [2] Vgl. Mt 27,52. [3] Vgl. Lk 15,3ff. [4] Lk 1,79. [5] Vgl. Gen 3,15. [6] Eph 5,14. [7] Vgl. Joh 17,21.23. [8] Ps 88,5.6 (LXX). [9] Gen 2,7.

Kommentar

Was das Apostolische Glaubensbekenntnis nennt, dessen wird heute gedacht: Er, der gekreuzigt, gestorben und begraben ist, ist „hinabgestiegen in das Reich des Todes". Er hatte „die Schlüssel zum Tod und zur Unterwelt" in der Hand (Offb 1,18). „Die Erde bebte, und die Felsen spalteten sich. Die Gräber öffneten sich …" (Mt 27,52; vgl. auch 1 Petr 3,18–20; 4,6).
Die Theologen des Altertums, angefangen bei Ephräm dem Syrer bis zu denen des Mittelalters, haben diesen Hinabstieg zu den Toten oftmals ausgemalt, am farbigsten der Verfasser dieser frühbyzantinischen Predigt, die früher dem Patriarchen Epiphanius von Konstantinopel zugeschrieben worden ist. Hier könnte der Eindruck entstehen, als sei der Gehängte und Begrabene gar nicht richtig tot gewesen, sondern nur „verreist" in die Unterwelt, wo er die Toten vergangener Zeiten abgeholt habe. Doch wäre das ein

Mißverständnis. Der, der hier „schläft", ist wirklich entschlafen. Seine Entäußerung und Erniedrigung geht eben und gerade bis in den Tod hinein; erst da wird er völlig „dem Menschen gleich" (vgl. Phil 2,7f).

Im typologisch imaginativen Denken der Kirchenväter kommt es so und genau hier zur Begegnung mit „Adam", dem „Menschen". Das Zusammentreffen von Gott und Mensch ist mit diesem Tode vollständig. Gott hat sich „diesen dem Tod verfallenen Leib" (Röm 7,24) ganz einverleibt und siegt nun als das Haupt eines neuen zukünftigen Leibes. So wird der ganze Leib gerettet werden.

Einmal so besehen, ist der Karsamstag der mystischste aller Tage. Er legt die Solidarität Gottes mit den Toten aller Zeiten offen, er offenbart sein Hinabsteigen in die Menschennatur vollkommen. Er deutet auf den dunkelsten Punkt menschlicher Erfahrung und verspricht, dorthin Licht zu bringen.

Psalm 116 (115) (GL 746/747)

Zur Abbildung: *Auch wenn dies Kreuz aus einer der kleinen unierten byzantinisch-slawischen Kirchen in der Ostslowakei nahe der polnischen Grenze jüngeren Datums ist – es stammt, wie die barocke Bekrönung beweist, aus dem 18. Jahrhundert –, so zeigt es doch ein ganz altes Bildschema. Unter dem Kreuz liegt ein Totenkopf. Golgota heißt die „Schädelhöhe" (Mk 15,22 par); doch nicht dies ist hier gemeint, jedenfalls nicht allein.*

Paulus schrieb: „Da nämlich durch einen Menschen der Tod gekommen ist, kommt durch einen Menschen auch die Auferstehung der Toten. Denn wie in Adam alle sterben, so werden in Christus alle lebendig gemacht" (1 Kor 15,21f). Alle Menschen teilen das Todesgeschick des Adam, welches am Kreuz für alle gewendet werden soll. So kamen schon früh die Kirchenschriftsteller, z. B. Origenes in seinem Matthäuskommentar (Mitte 3. Jh.), auf den Gedanken, die „Schädelhöhe" Golgota als Prototyp des Friedhofs überhaupt, als Ruhestätte Adams, als Grab des ersten und damit aller Menschen anzusehen.

Das Kreuz steht über dem Schädel Adams. Das Kreuz ist der Sieg über den Tod des Menschen. NH – KA *(Sieg) steht neben diesem Totenkopf.*

ІНЦІ
ІС.
НИ
КА.

„Ich bin das Pascha des Heils“

Karsamstag II / Ostermontag I*

Meliton von Sardes († vor 190): Aus einer Osterpredigt

Die österliche Verkündigung Christi

Versteht es recht: Das Paschamysterium ist neu und alt, ewig und zeitlich, vergänglich und unvergänglich, sterblich und unsterblich. Alt ist es nach dem Gesetz, neu nach dem Wort, zeitlich als Bild, ewig als gnädige Erfüllung, vergänglich in der Opferung des Lammes, neu als unvergängliches Leben des Herrn; sterblich als sein Begräbnis in der Erde, unsterblich als seine Auferstehung von den Toten.

„Er wurde mißhandelt und niedergedrückt“[1] und war doch kein Lamm. Er war wie ein Schaf, das verstummt, und war doch kein Schaf. Das Bild ist ja vorüber, und die Wirklichkeit ist da: anstelle des Lammes Gott, anstelle des Schafes ein Mensch, im Menschen aber ist Christus da, der alles zusammenhält.

Also hatte die Opferung des Lammes und die Feier des Pascha und alles, was im Gesetz geschrieben steht, Christus Jesus zum Ziel, um dessentwillen alle Ereignisse im alten Gesetz geschahen, erst recht jedoch die in der neuen Ordnung.

Aus dem Gesetz wurde nämlich das Wort, das alte wurde zum neuen Gesetz, und beides ging von Zion aus. Das Gebot wurde Gnade, das Bild Wirklichkeit, das Lamm wurde der Sohn, das Schaf der Mensch, der Mensch wurde Gott.

Obwohl er Gott war, nahm der Herr Menschengestalt an, litt für den Leidenden, ließ sich binden für den Gefangenen, verurteilen für den Schuldigen, begraben für den Begrabenen. Er erstand von den Toten und rief mit lauter Stimme: „Wer wagt es, mit mir zu streiten? Er soll gegen mich auftreten![2]

Ich habe den Verurteilten befreit. *Ich* habe den Toten lebendig

gemacht. *Ich* wecke den Begrabenen auf. Wer will mir widersprechen?" *Ich* bin der Christus, sagt er, *ich* habe den Tod vernichtet und über den Feind triumphiert. *Ich* habe die Unterwelt mit Füßen getreten, den Starken gefesselt[3] und den Menschen entrissen zur Höhe des Himmels. *Ich,* so sagt er, *ich* selbst, der Christus.
Kommt also, alle Stämme der Menschen, die ihr in Sünde seid, und empfangt die Vergebung. *Ich* bin eure Vergebung, *ich* bin das Pascha des Heils. *Ich* bin das Lamm, das für euch geschlachtet wurde, *ich* bin euer Licht und euer Heil; *ich* bin euer Lösegeld, euer Leben, eure Auferstehung, *ich* bin euer König[4]. *Ich* führe euch empor zu den Höhen des Himmels; *ich* werde euch erwecken durch meine Rechte, *ich* werde euch den Vater im Himmel zeigen.
Dieser ist es, der Himmel und Erde geschaffen und am Anfang den Menschen gebildet hat, der durch Gesetz und Propheten verkündigt wird; der in der Jungfrau Fleisch Gewordene, der ans Holz Gehängte, der in die Erde Begrabene, der von den Toten Auferstandene und zu den Höhen der Himmel Zurückgekehrte, der zur Rechten des Vaters Sitzende. Ihm gebührt die Ehre und die Macht in alle Ewigkeit. Amen.

* Das Stundenbuch sieht in den beiden Jahresreihen für diese Tage Texte vor, die sich überschneiden und deshalb hier zusammengefaßt sind. – Für die Feier der Osternacht sieht das Stundenbuch keine Väterlesung vor, sondern nur biblische Texte. Deshalb fehlt hier der Ostersonntag.

[1] Jes 53,7. [2] Jes 50,8. [3] Vgl. Mk 3,27. [4] Vgl. Joh 11,25; 8,12; 18,37.

Kommentar

Als der Bischof Meliton von Sardes in der 2. Hälfte des 2. Jahrhunderts diese Osterpredigt hielt, feierten die Gemeinden Kleinasiens das Osterfest noch wie die Juden am Paschafest, am Tag des 1. Frühlingsvollmondes, dem 14. Nissan des jüdischen Kalenders, unabhängig vom Wochentag also, und nicht am Sonntag nach diesem Termin wie heute.
Die Predigt in dieser christlichen Paschanachtfeier legt das Festgeheimnis in einer präsentischen Weise aus. Meliton spricht dem Fest eine besondere „Kraft" zu. Es handelte sich, wohlgemerkt, um

eine ins Christliche gewendete Paschafeier, und so steht bei dieser Predigt zunächst der Text vom Auszug Israels aus Ägypten (Ex 12) im Vordergrund. Doch versteht Meliton das Schlachten des Schafes in der Nacht vor dem israelischen Ausbruch aus Ägypten, sein schützendes Blut an den Türpfosten und Gottes Rache an den Ägyptern, nur als Vorbild für das Osterlamm Christus.

Das christliche Festgeheimnis überbietet das jüdische. So setzten sich die Christen ab dem 2. Jahrhundert praktisch und theologisch immer schärfer vom Judentum ab (was nicht ohne Antijudaismus einherging). Der Tod des neuen Paschalammes Christus ermöglichte für sie mehr als den Auszug aus einem Land der Unterdrükkung, er ermöglichte die Überwindung der „Tyrannei der Schlechtigkeit" (50) und der Versklavung an den Tod. Der von den Unheilsmächten gefangene Mensch, von Gott wegen seiner Sünde verurteilt, wurde befreit durch den selbst Mensch Gewordenen.

Und während Meliton über ihn redet, wechselt er plötzlich von der dritten in die erste Person des Verbums. Da steht der Bischof, ganz prophetisch-charismatische Gestalt, auf einmal da und redet im Stil der christologischen Selbstprädikation des Johannesevangeliums („Ich bin der Weg"; „Ich bin das Licht der Welt") *in persona Christi*, in der Rolle Christi. Auf dem Höhepunkt der Paschanachtfeier repräsentiert der Bischof den Erlöser und den Sieger; siebzehnmal wiederholt er das „ich". Hier ist zu erleben, was Mystagogie genannt wurde.

In diesem Stil wird heute niemand mehr predigen. Und doch gilt, wer immer verkündigt und Zeugnis gibt, daß er Gott sein Wort leiht: Gott, von dem Meliton mit dem dabei zitierten Glaubensbekenntnis seiner Gemeinde betont, daß er es ist, der Himmel und Erde geschaffen hat, den Menschen bildete und selbst Mensch wurde, am Holze hing, begraben, auferweckt und erhöht wurde. Nicht irgendwessen Dolmetsch sind seine Zeugen, sondern dessen, der das allumfassende Prinzip des Kosmos und seiner Erlösung ist.

Psalm 85 (84) (GL 600): Karsamstag
Psalm 96 (95) (GL 740): Ostermontag

Zur Abbildung: *Was das Lamm Gottes versinnbildlicht, ist nur im Blick auf das jüdische Paschafest und die Bedeutung des neuen, apokalyptischen Lammes in der Johannesoffenbarung zu verstehen: „Würdig ist das Lamm, das geschlachtet wurde, Macht zu empfangen, Reichtum und Weisheit, Kraft und Ehre, Herrlichkeit und Lob" (Offb 5,12).*

An der Decke der Kapelle des Hl. Johannes des Evangelisten der Lateranbasilika, von Papst Hilarius (461–468) errichtet, ist es abgebildet: auf dem Goldgrund des Heilig-Erhabenen, umgeben von einem Kranz aus Ähren und Weinlaub, Rosen und Lilien. Sie symbolisieren den ewigen Frühling und die ewige Fruchtbarkeit des Paradieses. Auch die Vogelpaare links und rechts der gefüllten Ziergefäße – Papageien und Rebhühner – gehören in diesen Zusammenhang.

„Hier in Hoffnung, dort in Erfüllung“

Ostermontag II

AUGUSTINUS († 430): Aus einer Osterpredigt

Das Halleluja

Es hat dem Herrn, unserem Gott, gefallen, daß wir alle, die wir hier versammelt sind – euch, meine Lieben, eingeschlossen –, ihm das Halleluja singen. Es heißt übersetzt: „Lobet den Herrn!“ So laßt uns also den Herrn loben mit dem Leben und mit der Zunge, mit Herz und Mund, in Wort und Tat. Denn wir müssen Gott – nach seinem Willen – das Halleluja so singen, daß es nicht im Widerspruch zu dem steht, der das Lob singt. Darum soll zuerst in uns selbst die Zunge mit dem Leben und der Mund mit dem Gewissen übereinstimmen. Ich sage: die Stimme harmoniere mit den Sitten, damit nicht etwa das rechte Wort als Zeuge aufstehe gegen das böse Tun.

Seliges Halleluja im Himmel, wo die Engel der Tempel Gottes sind! Denn dort, unter den Sängern des Gotteslobes, ist höchste Harmonie. Dort ist der Jubel der Singenden nicht in Gefahr, weil kein Gesetz in ihren Gliedern mit dem Gesetz des Geistes im Streit liegt[1]. Dort gibt es nicht den Streit der Begierlichkeit, der den Sieg der Liebe gefährden könnte. Laßt uns hier auf Erden das Halleluja singen, wo wir noch in Sorge sind, damit wir es einst dort in Sicherheit singen können.

Hier werde das Halleluja von uns und den andern, die wir noch in Gefahr und Versuchung sind, gesungen. „Denn Gott ist treu; er wird nicht zulassen, daß ihr über eure Kraft hinaus versucht werdet.“

Also auch hier laßt uns das Halleluja singen! Noch ist der Mensch zwar in Sünden; aber Gott ist treu! Es heißt nicht: Er wird nicht zulassen, daß ihr versucht werdet, sondern: „Er wird nicht zulas-

sen, daß ihr über eure Kraft versucht werdet. Er wird euch in der Versuchung einen Ausweg schaffen, so daß ihr bestehen könnt."[2]
Du bist in Versuchung geraten. Aber Gott wird dir einen Ausweg schaffen, daß du in der Versuchung nicht zugrunde gehst.
Du gleichst einem Töpfergefäß: In der Verkündigung wirst du geformt, in der Drangsal gebrannt. Wenn du in Versuchung gerätst, denk an den Ausgang. Gott ist treu, „der Herr behütet ja deinen Eingang und deinen Ausgang"[3]. Dann aber wird dein Leib unsterblich und unvergänglich sein, alle Versuchung wird vorbei sein.
O seliges Halleluja! O Halleluja in Geborgenheit, ohne Widersacher! Wo kein Feind mehr ist und kein Freund verlorengeht! Dort und hier gibt es Lob Gottes: hier von seiten derer, die noch in Sorge sind, dort aber von den Siegern in Ewigkeit. Hier in Hoffnung, dort in Erfüllung. Hier auf dem Weg, dort in der Heimat.
Heute laßt uns singen, nicht um uns der Ruhe zu erfreuen, sondern um in der Drangsal Trost zu finden. So wie Wanderer zu singen pflegen: Singe, aber schreite aus! Singend tröste dich in der Not, liebe die Verdrossenheit nicht! Singe und schreite aus! Mach Fortschritte im Guten! Singe und wandere! Geh nicht in die Irre, kehre nicht um, bleib nicht zurück!

[1] Vgl. Röm 7,23. [2] 1 Kor 10,13. [3] Vgl. Ps 121,8.

Kommentar

Das Halleluja wurde, soweit wir wissen, in Nordafrika, Augustins Heimat, nur während der fünfzigtägigen Zeit von Ostern bis Pfingsten, nicht jedoch, wie anderswo und heute, auch sonntags gesungen. Es war deshalb für ihn in ganz exklusiver Weise der Ostergesang.
Der Halleluja-Ruf, von Augustinus zutreffend „Lobet den Herrn" übersetzt (wörtlich: „Preiset Ja[hwe]"), ist für ihn nicht nur Gesang, sondern vielmehr die Haltung des österlichen, erlösten Menschen. Stimme und Leben des Gott Lobenden müssen übereinstimmen, Gotteslob und Leben eine Einheit bilden.

Allerdings verkennt Augustinus nicht, daß Gott zu preisen und zu loben auf Erden bisweilen recht mühsam sein kann. Dem Menschen auf dem Wege, mitunter in Sorgen, Drangsal und Versuchung, kann es schwer werden, über Gottes Taten, seine Freundlichkeit und Güte, des Lobes voll zu sein. Doch gerade demjenigen, dem dies schwierig wird, empfiehlt der Bischof von Hippo, das Halleluja als Lied der Hoffnung zu singen, als Vorausnahme des Lobgesangs in der künftigen Herrlichkeit.
Dort singen es die Engel jetzt schon in höchster Harmonie. Die irdische Liturgie ist, was spätere Kirchenväter noch deutlicher ausgesprochen haben, ohnehin nur als Abbild der himmlischen Liturgie zu verstehen. Der Gedanke an eine solche Dimension unserer Liturgie ist heute eher selten anzutreffen; für Augustinus ist er aber der Ausgangspunkt, um das Osterhalleluja als Vorwegnahme der künftigen Erfüllung zu verstehen.
So gilt für den Hallelujagesang des Osterfestes wie für die ganze Liturgie: sie ist nicht für den Augenblick. Ich selbst mit meiner ganzen Zukunft komme stets mit hinzu und mit ins Spiel.

PSALM 36 (35), 6–10 (GL 724)

Zur Abbildung: *Vielfach wird vermutet, daß Darstellungen wie diese auf einer Silberplatte des 6. Jahrhunderts auf die verlorene Apsisdekoration der Grabeskirche von Jerusalem zurückgehen (vgl. auch 1. Adventssonntag). Das Kreuz, aufgerichtet auf einem Sternenglobus und stehend über den Quellen der vier großen Erdströme, ist nicht mehr Leidenswerkzeug, sondern edelsteingeschmücktes Erlösungszeichen. Zwei Engel begleiten es. Ihre Stäbe weisen sie als „hohe Beamte“ aus und ihre Hand formt, wie heute noch die des Leiters einer Choralschola, gestisch den Gesang zur Verehrung des Kreuzes nach.*

„So sind auch wir mit ihm schon dort“

Christi Himmelfahrt I (Hochfest)

AUGUSTINUS († 430): Aus einer Predigt auf Christi Himmelfahrt

Niemand ist zum Himmel hinaufgestiegen außer dem,
der vom Himmel herabgestiegen ist

Heute ist unser Herr Jesus Christus in den Himmel aufgestiegen. Mit ihm steige auch unser Herz empor.
Laßt uns den Apostel hören, der sagt: „Ihr seid mit Christus auferweckt; darum strebt nach dem, was im Himmel ist, wo Christus zur Rechten Gottes sitzt. Richtet euren Sinn auf das Himmlische und nicht auf das Irdische.“[1] Er ist aufgestiegen, aber nicht von uns gegangen. So sind auch wir mit ihm schon dort, wenn unser Leib auch noch nicht erfahren hat, was uns verheißen ist.
Er ist schon über die Himmel erhoben. Dennoch leidet er noch auf Erden alle Mühen und Plagen, die wir, seine Glieder, empfingen. Das bezeugte er von oben, als er rief: „Saul, Saul, warum verfolgst du mich?“[2] und: „Ich war hungrig, und ihr habt mir zu essen gegeben; ich war durstig, und ihr habt mir zu trinken gegeben; ich war fremd und obdachlos, und ihr habt mich aufgenommen.“[3]
Warum mühen nicht auch wir uns so auf der Erde, daß wir durch Glauben, Hoffnung und Liebe, die uns mit ihm verbinden, schon jetzt mit ihm im Himmelreich ausruhen? Obwohl er dort ist, ist er bei uns, und obwohl wir noch hier sind, sind wir auch bei ihm. Das gilt bei ihm für seine Gottheit, seine Macht und seine Liebe. Wir vermögen es nicht wie er durch die Gottheit, aber wir vermögen es mit der Liebe, mit der Liebe zu ihm.
Er verließ den Himmel nicht, als er von dort zu uns herabstieg. Auch ist er von uns nicht fortgegangen, als er wieder zum Himmel zurückkehrte. Daß er dort war, als er hier weilte, hat er mit den

Worten bestätigt: „Niemand ist in den Himmel hinaufgestiegen außer dem, der vom Himmel herabgestiegen ist: der Menschensohn."[4] Das ist wegen der Einheit gesagt, weil er unser Haupt ist und wir sein Leib sind.
Denn der Apostel sagt: „Wie der Leib eine Einheit ist, doch viele Glieder hat, alle Glieder des Leibes aber, obgleich es viele sind, einen einzigen Leib bilden: so ist es auch mit Christus."[5] Er sagt nicht: So ist es mit Christus, sondern: So ist es auch mit Christus. Christus hat also zwar viele Glieder, aber nur einen Leib.
Er stieg vom Himmel herab aus Erbarmen. Niemand ist hinaufgestiegen als er, da auch wir nur in ihm hinaufgestiegen sind durch die Gnade. So ist niemand herabgestiegen außer Christus, und niemand ist hinaufgestiegen außer ihm.

[1] Kol 3,1–2. [2] Apg 9,4. [3] Mt 25,35. [4] Joh 3,13. [5] Kor 12,12.

Kommentar

Himmelfahrt ist für Augustinus ein Fest des Leibes Christi. Der zu den Menschen Gekommene hat die Seinen eben nicht verlassen, sondern ist als ihr nun unsichtbares Haupt des gemeinsamen Leibes bei ihnen. Seine Auffahrt ist eine Verheißung: „das Vorausgehen des Hauptes ist die Hoffnung seiner Glieder", sagt er an anderer Stelle (Sermo 265,2).
Paulus hatte auf das Modell des „Leibes" hingewiesen, als es darum ging, die verschiedenen Charismen seiner Glieder in rechte Beziehung zueinander zu setzen (1 Kor 12,12–31a). Im paulinischen Schrifttum, namentlich im Christus-Hymnus des Kolosserbriefes (1,15–20), wird dann die Gemeinschaft dieses durch die verschiedenen Charismen erfüllten Leibes mit dem betont, „der das All ganz und gar beherrscht" (Eph 1,23). Die Gemeinschaft dieses Leibes, die Kirche, bekommt so eine weit über sie hinausweisende Dimension.
Diese wahrzunehmen, darauf zielt die Predigt Augustins. Die Einheit mit dem Haupte Christus gibt dem Glied seines Leibes die Möglichkeit, heran- und hereinzureichen in Gottes Bereich. „Wir

sind mit ihm im Himmel durch die Hoffnung, er mit uns auf der Erde durch die Liebe", sagt Augustinus dazu in seiner Erklärung der Psalmen (in Ps 54; 3). Einheit, Hoffnung und Liebe sind so die Bedingungen, unter denen der in den Himmel Aufgefahrene bleibt.

PSALM 47 (46) (GL 727)

Zur Abbildung: *Vermutlich sah das Apsisbild der Basilika auf dem Ölberg, die Kaiser Konstantin oder seine Mutter Helena hatten bauen lassen, ganz ähnlich aus. Es wird vermutet, daß es dieser Miniatur aus dem syrischen Evangeliar des Mönches Rabbula (heute in Florenz) als Vorbild gedient hat. Sie entstand im 6. Jahrhundert, doch bis in die jüngste Zeit beeinflußte die Komposition griechische Himmelfahrts-Ikonen.*
Jesus Christus, stehend mit einer offenen Buchrolle in der Linken und eingehüllt in die Aura einer blauen Ätherwolke, wird auf einem feurigen Wagen gen Himmel gefahren: „Ein Sturmwind kam von Norden, eine große Wolke mit flackerndem Feuer, umgeben von einem hellen Schein ... Mitten darin erschien etwas wie vier Lebewesen ... Ihre Flügel berührten einander ... Und ihre Gesichter sahen so aus: Ein Menschengesicht ... ein Löwengesicht ... ein Stiergesicht ... ein Adlergesicht ... Neben jedem der vier sah ich ein Rad auf dem Boden ... So etwa sah die Herrlichkeit des Herrn aus" (Ez 1,4–28). Die Himmelfahrt Christi als Fahrt mit einem Feuerwagen, in der antiken Mythologie auch vom Sonnengott und im Zusammenhang mit der Vergöttlichung von Kaisern bekannt, wird hier ganz in Anlehnung an die Gottesvision Ezechiels gesehen.
Engel begleiten den Wagen, auf dem der Triumphator steht. Sie bieten ihm mit verhüllten Händen Kronen dar. Dies ist eine Anspielung auf Hebr 2,7: „Du hast ihn nur für kurze Zeit unter die Engel erniedrigt. Du hast ihn mit Herrlichkeit und Ehre gekrönt." Daß diese Erniedrigung nichts anderes als seine wahre Menschwerdung meint, dafür steht seine Mutter Maria. In Purpur gehüllt ist sie hier unter den Aposteln präsent, obwohl sie in der Apostelgeschichte nicht auf dem Ölberg erwähnt wird. Auch Paulus als „Autor" des Hebräerbriefes fällt auf; deutend weist er, einen Finger im Buch, wie die Engel auf das ganze Geschehen.
Das Bild, nach den Konzilien von Ephesus (431) und Chalkedon (451) entstanden, ist so nicht allein eine Darstellung der Himmelfahrt, sondern „muß als Verherrlichung des Dogmas von den zwei Naturen Christi verstanden werden" (Kurt Weitzmann).

„Ich will nicht, daß du mich mit leiblichen Sinnen erkennst“

Christi Himmelfahrt II (Hochfest)

Leo der Grosse († 461): Aus einer Predigt zum Fest Christi Himmelfahrt

Nähe und Ferne des zu Gott erhobenen Herrn

Damals wurde der Menschensohn auf höhere und heiligere Weise als Gottes Sohn anerkannt. Als der Menschensohn sich in die Herrlichkeit der väterlichen Majestät zurückzog und auf unaussprechliche Weise begann, seiner Gottheit nach gegenwärtiger zu sein, während er seiner Menschheit nach in größere Ferne rückte. Damals wurde der Glaube der Gläubigen vertieft und begann mit geistigen Schritten zu ihm, dem Sohn, der dem Vater gleich ist, hinzutreten und die Berührung der körperlichen Natur, durch die er geringer ist als der Vater, nicht zu vermissen. Denn die Natur des verherrlichten Leibes blieb bestehen. So wurde der Glaube dorthin gerufen, wo Christus als der dem Vater gleiche, einzige Sohn nicht mit körperlicher Hand, sondern mit geistigem Verständnis berührt würde. Als daher Maria aus Magdala, welche die Person der Kirche darstellt, nach der Auferstehung des Herrn zur Berührung seines Leibes herbeieilt, sagt er zu ihr: „Berühre mich nicht, denn noch bin ich nicht zu meinem Vater hinaufgegangen.“[1] Damit will er sagen: Ich will nicht, daß du mich mit leiblichen Sinnen erkennst; ich verweise dich auf Höheres, ich bereite dir Größeres. Wenn ich zu meinem Vater aufgestiegen bin, wirst du mich vollkommener und wahrer betasten; dann wirst du wahrnehmen, was du nicht berührst, und glauben, was du nicht siehst.
Als die Augen der Jünger dem in den Himmel aufsteigenden Herrn folgten und in gespanntem Staunen aufwärts blickten, traten zwei Engel in glänzenden Kleidern vor die Jünger hin und sagten zu

ihnen: „Ihr Männer von Galiläa, was steht ihr da und schaut zum Himmel empor? Dieser Jesus, der von euch ging und in den Himmel aufgenommen wurde, wird ebenso wiederkommen, wie ihr ihn habt zum Himmel hingehen sehen.“[2] Mit diesen Worten wurden alle Söhne der Kirche belehrt, zu glauben, daß Jesus Christus im gleichen Fleisch, in dem er aufgefahren war, sichtbar wiederkehren wird.
Laßt uns also mit geistlicher Freude jubeln und uns freuen, indem wir Gott würdig danken; laßt uns die nicht mehr gehaltenen Augen[3] unseres Herzens zu jener Höhe erheben, in der Christus ist.

[1] Joh 20,17. [2] Apg 1,11. [3] Vgl. Lk 24,16.

Kommentar

Wie die Kirche der Antike die Himmelfahrt Christi verstand, gibt gleich der erste Satz Leos d. Gr. zu erkennen: Die Himmelfahrt ist die endgültige Bestätigung Jesu als Sohn Gottes. In der Himmelfahrt erlebt er die große, letzte Apotheose. Daß in ihm Gott in sichtbarer Weise dagewesen ist, beweist sich durch seine Aufnahme in den Himmel. Neben der Bekräftigung seiner Sohnschaft durch die Stimme vom Himmel bei der Taufe durch Johannes war es besonders die Himmelfahrt, die als Beglaubigung der Göttlichkeit Jesu begriffen wurde. Das Himmelfahrtsfest ist deshalb in der Spätantike, als es entstand – erst im 5. Jahrhundert wird es überall gefeiert –, ein christologisches Fest: Die Himmelfahrt offenbart zuletzt noch einmal die Gottheit Jesu Christi, und zwar, das ist nun der Aspekt, auf den es Papst Leo ankommt, *indem* sich der Gottmensch dabei uns *entzog*. Diese letzte Offenbarung, in der Gott unseren Sinnen entschwindet, ist die Bedingung der Möglichkeit unseres Glaubens.
Der Glaube kann nur entstehen, wenn er dem zum Himmel Auffahrenden und dem dann Verborgenen „folgt“, wie Leo das in geradezu poetischen Formulierungen sagt. Glaube entwickelt sich nicht durch sinnliche Wahrnehmungen, sondern aus „geistigem

Verständnis". Aus diesem Grunde mußte den Menschen in der Himmelfahrt die Möglichkeit genommen werden, Jesus zu sehen, wie schon Maria Magdalena verboten worden war, den Auferstandenen zu berühren. In Anspielung auf 1 Joh 1,1 (und vielleicht auch auf die Akten des Perpetua- und Felicitas-Martyriums, Kap. 1) formuliert Leo das Ziel: zu glauben, was wir nicht sehen, ermöglicht uns neue Wahrnehmungen ohne zu „berühren", erweitert die Erkenntnis über die Welt des Sinnlichen hinaus.
Noch ein weiteres Element ist Leo an der Himmelfahrt wichtig. Das Christusgeschehen wird sich in einem Dreiklang von Epiphanie, Apotheose in Auferstehung und Himmelfahrt und schließlich der Parusie entwickeln: Dieser Jesus wird so wiederkommen, wie er aufgefahren ist. Mit der Himmelfahrt ist also kein Schlußpunkt erreicht worden, sondern nur ein vorläufiges Ende. Seine Vorläufigkeit ist Basis wie Inhalt des Glaubens.

Psalm 113 (112) (GL 693)

Zur Abbildung: *Diese Elfenbeintafel aus Bamberg, heute im Bayerischen Nationalmuseum München, um 400 entstanden und aus Oberitalien (?) stammend, gehörte ursprünglich wahrscheinlich zu einem Bucheinband. Die Tafel (Größe: 18,7 × 11,6 cm) zeigt, wie eng zunächst Auferstehung und Himmelfahrt als ein Geschehen aufgefaßt wurden: Christus ersteht aus seinem Grab, das hier als prächtiges Mausoleum und in Anlehnung an die damaligen Bauten der Grabeskirche von Jerusalem dargestellt ist, indem er aufsteigt und dabei von der Hand des Vaters in den Himmel hinaufgezogen wird. Am Grabbau die schlafenden Wächter, davor der Engel (in dieser frühen Zeit noch flügellos), der den Frauen am Grabe das Geschehen erklärt. Am Fuße des Ölbergs, ganz verschreckt, zwei Jünger: das offenbarende Apotheose-Geschehen ruft hier jenes Entsetzen hervor, von dem auch bei den Erscheinungen des Auferstandenen die Rede ist (Lk 24,37) und welchem immer wieder, besonders bei Lukas, mit der Aufforderung „Fürchte dich nicht!" begegnet werden mußte (vgl. Lk 1,13.30; 5,10; Apg 27,24).*

„Es zieht die Schwierigkeit, darüber zu sprechen, unser Herz zum richtigen Verständnis hin“

Die Tage bis Pfingsten II

Leo der Grosse († 461): Aus einer Predigt zum Pfingstfest

Am Freitag vor Pfingsten

Der Heilige Geist in der göttlichen Einheit

Wenn wir das Auge darauf richten, die Würde des Heiligen Geistes zu erfassen, so dürfen wir nicht etwas von der Erhabenheit des Vaters und des Sohnes Verschiedenes denken. Denn das Wesen der göttlichen Dreifaltigkeit widerspricht in keiner Hinsicht ihrer Einheit. Eine ewig währende Eigenheit ist es für den Vater, der Erzeuger eines ihm gleich ewigen Sohnes zu sein; seine ewig währende Eigenheit ist es für den Sohn, zeitlos vom Vater hervorgebracht zu sein; auch für den Heiligen Geist ist es eine ewig währende Eigenheit, der Geist des Vaters und des Sohnes zu sein. Daher ist der Vater nie ohne Sohn, nie sind Vater und Sohn ohne den Heiligen Geist gewesen. In ihrer Existenz sind alle Zeitstufen ausgeschlossen; keine Person ist früher, keine später. Denn die unwandelbare Gottheit dieser seligen Dreifaltigkeit ist eins im Wesen, ungeteilt im Werk, übereinstimmend im Willen, gleich in der Allmacht, ebenbürtig in der Herrlichkeit. Wenn die Heilige Schrift von ihr so spricht, daß sie ihr Taten oder Worte zuschreibt, die den einzelnen Personen zu entsprechen scheinen, wird der katholische Glaube dadurch nicht verwirrt, sondern belehrt, so daß durch die Eigentümlichkeit der Stimme oder des Werkes die Wahrheit der Dreifaltigkeit eindringlich eingeschärft wird: der Verstand soll nicht trennen, was das Gehör unterscheidet. Deswe-

gen nämlich werden gewisse Dinge unter Nennung des Vaters oder des Sohnes oder des Heiligen Geistes vorgebracht, damit das Bekenntnis der Gläubigen in der Dreifaltigkeit nicht irre. Da sie ja in sich untrennbar ist, würde man nie darauf kommen, daß es eine Dreifaltigkeit gibt, wenn diese immer ungetrennt genannt würde.
So zieht also gerade die Schwierigkeit, darüber zu sprechen, unser Herz zum richtigen Verständnis hin, und gerade wegen unserer Schwachheit kommt uns die himmlische Lehre zu Hilfe. Weil in der Gottheit des Vaters und des Sohnes und des Heiligen Geistes nicht an eine einzige Person noch an eine Verschiedenheit der Natur zu denken ist, kann die wahre Dreifaltigkeit gleichzeitig im Geist gedacht, aber nicht gleichzeitig mit dem Mund ausgesprochen werden.
Wenn dieser Glaube in unseren Herzen fest gegründet ist, dann glauben wir auf heilbringende Weise, daß die ganze Dreifaltigkeit zusammen *eine* Kraft, eine Majestät, ein Wesen ist, ungeschieden im Wirken, untrennbar durch die Liebe, ununterschieden in der Macht, die alles zugleich erfüllt und alles zugleich umfaßt.

Am Samstag vor Pfingsten

Der Heilige Geist wirkte schon vor dem ersten Pfingstfest

Die wahre Gottheit ist in keiner der Personen größer oder kleiner als sie selbst. Man muß aber bekennen, daß die Gottheit in drei Personen west, damit die Dreifaltigkeit nicht als Alleinsein verstanden werde und die Gleichheit ihre Einheit bewahre. Wenn wir diesen Glauben fest ergriffen haben, dürfen wir nicht daran zweifeln, daß am Pfingsttag zwar der Heilige Geist die Jünger des Herrn erfüllt hat, daß das aber nicht ein erstmaliges Schenken der göttlichen Gabe bedeutete, sondern ein freigebiges Hinzufügen. Denn auch die Patriarchen und Propheten und Priester, ja alle Heiligen, die in früheren Zeiten lebten, sind durch die Heiligung desselben Geistes ausgerüstet worden.
Ohne diese Gnade sind keine Sakramente je eingesetzt, keine

Mysterien je gefeiert worden. So war es immer dieselbe Kraft der Charismen, obschon das Maß der Gabe nicht immer dasselbe war.

Auch die seligen Apostel waren vor dem Leiden des Herrn nicht immer ohne Heiligen Geist; nicht war seine kraftvolle Macht den Werken des Erlösers fern. Und als er den Jüngern die Vollmacht gab, alle Krankheiten zu heilen und die unreinen Geister auszutreiben[1], schenkte er ihnen doch wohl die Wirkungen jenes Geistes, in dem er den unreinen Geistern befahl. Das leugneten freilich die ungläubigen Juden, indem sie die göttlichen Wohltaten dem Teufel zuschrieben[2]. Darum traf die so Lästernden mit Recht jenes Urteil des Herrn, das er mit den Worten fällte: „Jede Sünde und Lästerung wird den Menschen vergeben werden, aber die Lästerung gegen den Geist wird nicht vergeben. Auch dem, der etwas gegen den Menschensohn sagt, wird vergeben werden; wer aber etwas gegen den Heiligen Geist sagt, dem wird nicht vergeben, weder in dieser noch in der zukünftigen Welt.“[3]

Daraus ergibt sich deutlich, daß Sündennachlaß ohne Anrufung des Heiligen Geistes nicht erfolgt und daß auch keiner ohne ihn nützlicherweise seufzen oder beten kann, wie es sich gebührt, da ja der Apostel sagt: „Wir wissen nicht, worum wir in rechter Weise beten sollen; der Geist selber tritt jedoch für uns ein mit Seufzen, das wir nicht in Worte fassen können.“[4] Und „keiner kann sagen: Jesus ist der Herr!, wenn er nicht aus dem Heiligen Geist redet“[5]. Den Heiligen Geist zu verlieren ist daher äußerst verderblich und äußerst todbringend; denn niemals verdient Verzeihung, wer vom Fürbitter verlassen ist.

[1] Mt 10,1. [2] Vgl. Mt 12,24. [3] Mt 12,31f. [4] Röm 8,26. [5] 1 Kor 12,3.

Pfingsten (Hochfest)

Die Werke des Heiligen Geistes

Alle, die an den Herrn Jesus glaubten, besaßen den ihnen eingegossenen Heiligen Geist. Die Apostel hatten schon damals die Vollmacht empfangen, Sünden zu vergeben, als der Herr sie nach seiner Auferstehung anhauchte und sagte: „Empfangt den Heiligen Geist. Allen, denen ihr die Sünden erlaßt, sind sie erlassen; allen, denen ihr sie nicht erlaßt, sind sie nicht erlassen.“[1]
Aber eine größere Gnade und reichere Einhauchung war jener Vollendung vorbehalten, die den Jüngern noch verliehen werden sollte. Durch sie sollten sie auch das empfangen, was sie noch nicht erhalten hatten, und das, was sie schon empfangen hatten, sollten sie auf eine hervorragende Weise besitzen.
Wie ist es also zu verstehen, daß der Herr, der ihnen schon gesagt hatte: „Alles, was ich von meinem Vater gehört habe, habe ich euch geoffenbart“[2], ihnen den Heiligen Geist verspricht mit den Worten: „Noch vieles habe ich euch zu sagen, aber ihr könnt es jetzt nicht ertragen. Wenn aber jener kommt, der Geist der Wahrheit, wird er euch in die volle Wahrheit führen.“[3] Wollte der Herr etwa sagen, er habe ein geringeres Wissen oder er habe vom Vater weniger gelernt als der Heilige Geist? Aber er selbst ist doch die Wahrheit, und der Vater kann nichts sagen, der Geist nichts lehren ohne das Wort. Darum ist geschrieben: „Von dem, was mein ist, wird er nehmen“[4], denn der Sohn gibt das, was der Geist vom Vater empfängt.
Es handelte sich also nicht darum, eine andere Wahrheit zu lehren oder eine andere Lehre zu verkünden. Aber die Fassungskraft jener, die belehrt wurden, mußte vermehrt werden; die Beständigkeit jener Liebe, die alle Furcht vertreibt[5], mußte verstärkt werden, damit sie die Wut der Verfolger nicht fürchtete. Das begannen die Apostel wirklich brennender zu wollen und wirksamer zu können, nachdem sie mit einer neuen Gnadenfülle des Heiligen Geistes erfüllt waren. Von der Kenntnis der Gebote schritten sie voran zum Ertragen von Leiden. Unter keinem Sturm ängstigten sie sich mehr, sondern mit alles übersteigendem Glauben traten sie die

Fluten und Wogen der Welt mit Füßen, verachteten den Tod und brachten allen Völkern das Evangelium der Wahrheit. Wir aber, die wir durch die „Erneuerung im Heiligen Geist"[6] an Kindes Statt angenommen wurden zur seligen Ewigkeit von Seele und Leib, wollen das hochheilige Fest dieses Tages „in rechtem Gottesdienst"[7] begehen, indem wir mit dem seligen Apostel Paulus bekennen: der Herr Jesus „stieg hinauf zur Höhe und erbeutete Gefangene, er gab den Menschen Geschenke"[8], damit jede Zunge bekenne: „Herr ist Jesus Christus, zur Ehre Gottes, des Vaters."[9]

[1] Joh 20,22f. [2] Joh 15,15. [3] Joh 16,12f. [4] Joh 16,14. [5] Vgl. 1 Joh 4,18. [6] Vgl. Tit 3,5. [7] Vgl. Röm 12,1. [8] Eph 4,8. [9] Phil 2,11.

Kommentar

Ein notwendig immer wiederkehrendes Element in der Geschichte der Kirchen sind die Streitigkeiten über die Frage, wie Gott und Mensch sich zueinander verhalten, wie sie sich zusammenfügen und zusammenwirken, wie man sich die Grundlage der Beziehung von Göttlichem und Menschlichem in der Welt als Möglichkeit von Erlösung vorstellen könne. Die Auseinandersetzungen um das Problem einer Verbindung von Gott und Mensch spiegeln die Realität wider: die Schwierigkeit, diese Verbindung „herzustellen", nicht allein sie zu denken!

Die Spätantike diskutierte ihre Schwierigkeiten zunächst am Problem der Wesenseinheit von Vater und Sohn (Ist der *Mensch*gewordene in gleicher Weise *Gott* wie sein Vater?), später anhand der Zwei-Naturen-Lehre (Sind in der Person Jesu *Mensch* und *Gott* real in Verbindung getretene „Naturen"?). Die Reformation debattierte das Verhältnis von Gott und Mensch später als Problem der Gnadenlehre und zeigt uns die Schwierigkeiten des frühneuzeitlichen, subjektiv gewordenen Menschen, sich zu Gott in Beziehung zu setzen – eine Frage, die uns bis heute in vielfach gewandelter Form geblieben ist.

Es ist nicht zuviel gesagt: ohne Leo d. Gr. wären die seinerzeit hohe Wellen schlagenden Streitigkeiten um die Zwei-Naturen-Lehre,

Zur Abbildung: *Das Pfingstgeschehen ist in der Antike so gut wie gar nicht dargestellt worden, wahrscheinlich weil es als direkte Gottesoffenbarung galt. Von Gott aber durfte man kein Bild machen. Dieses auch für das frühe Christentum zunächst noch maßgebliche und lange unterschwellig weiterwirkende Bilderverbot, das entscheidend den Geheimnischarakter Gottes betonte, sollte sich im 8. Jahrhundert noch einmal im Bilderstreit und Ikonoklasmus entladen, nachdem sich das Verhältnis der Christen zu den Bildern und zur Kunst seit dem 3. Jahrhundert gelockert hatte.*

Vom Pfingstgeschehen ist demnach nur eine Darstellung bekannt, die sich in der Kapelle des Hl. Geistes in der alten Jerusalemer Zionskirche, der Kathedrale des Patriarchen, befand. Diese Kapelle wurde als Ort des historischen Geschehens angesehen.

Das Bild ist in einer Miniatur des Rabbula-Evangeliars erhalten (vgl. Christi Himmelfahrt I). Die Nische, in der sich das Bild in der Kapelle der Zionskirche befand, ist noch durch den Schatten angegeben. Rechts von Maria, an der vornehmsten Stelle und mit Rücksicht auf die Lokaltradition in Jerusalem, wahrscheinlich Jakobus, der Herrenbruder, als „erster Bischof" bzw. „Patriarch" von Jerusalem. Links von Maria, weniger prominent, zunächst wohl Paulus, dann Petrus mit weißem Haar und Bart.

die zum Konzil von Chalkedon (451) führten, wohl kaum entschärft worden. (Vgl. dazu den Text am 25. 3.: Hochfest der Verkündigung des Herrn)
Daß der römische Bischof neben der Christologie auch intensiv über die Gotteslehre nachgedacht hat, wird dem Leser seines 95. Traktates, aus dem das Stundenbuch vom Freitag der 7. Osterwoche bis zum Pfingstsonntag eine Auswahl präsentiert, unmittelbar klar. Wenn er betont, in der Existenz der drei göttlichen Personen sei jede Zeitstufe ausgeschlossen, keine Person sei früher, keine später, so ist das gegen Bestreitungen der Wesensgleichheit von Vater, Sohn und Geist gesagt, welche die Gleichheit verneinten mit dem Hinweis auf das ungleichzeitige „Auftreten" der Personen. Wenn umgekehrt Leo darauf hinweist, zwischen Vater, Sohn und Geist dürfte keinerlei Verschiedenheit gedacht werden, so richtet sich das gegen diejenigen, die im Hl. Geist nur einen Mittler und Makler sehen wollen. Nein, der Geist muß als *Gott selbst* gedacht werden, wenn *er* die Form ist, in der sich Gott *uns* mitteilt: Gott und Mensch vereinigen sich für die Gegenwart nur „im Hl. Geist"; der Geistempfang ist unsere Möglichkeit, Göttliches und Menschliches verbunden zu erfahren, von der Taufe an. Die „Erneuerung im Hl. Geist" (vgl. Lesung vom Samstag) wird erst dann zum zündenden Funken, wenn klar ist: es ist *Gott selbst*, der den Menschen erfaßt in dem, was wir Hl. Geist nennen. Und deshalb gibt es keine größere Sünde als die „wider den Hl. Geist", d.h. ihn zu verlieren – und damit Gott.
Weil Gott Geist ist und der Geist Gott, so war, wie Leo unterstreicht, die Geistmitteilung an die Jünger, an die Pfingsten feierlich erinnert, keine über ihr Wissen um den Vater und ihren Umgang mit dem Sohn hinausgehende Gottesoffenbarung; sie war nicht die Hinzufügung von etwas „Neuem", sondern eine Vermehrung ihrer historischen Gotteserfahrung.
Wie anders hätte denn die Trinität auch erkannt werden können, meint Leo (vgl. Lesung vom Pfingstsonntag), als daß sie historisch als Vater, Sohn und Geist erschien? So nimmt Gott, der Dreieine, obwohl er sich nicht entwickelt und keine innere Chronologie hat, Rücksicht auf die Schwäche der Sinne des Menschen! Es werden der Vater, der Sohn und der Geist zwar als Verschiedene wahrge-

nommen, aber der Verstand muß sich bemühen, sie nicht zu trennen: Indessen gibt des dabei eine Grenze: die Personen der Trinität können zwar als gleichzeitig gedacht werden, doch sie gleichzeitig auszusprechen ist schon unmöglich. Freilich, diese Schwierigkeit ist ein Mangel mit paradoxer Qualität: er weist auf ein Verstehen jenseits der Worte hin, auf ein Geheimnis – das Geheimnis, aus dem sich Gott uns nähert.
Gotteserfahrung, Geisterfahrung, die Verschränkung von Göttlichem und Menschlichem ist für den Menschen also möglich: an der Grenze seiner intellektuellen Möglichkeiten und seiner sinnlichen Erfahrung. Dorthin – und vielleicht ein Stück darüber hinaus – will Pfingsten führen.

PSALM 147 (146) (GL 760): Freitag
PSALM 104 (103) (GL 743/744): Samstag
TE DEUM (GL 706): Pfingstsonntag

„Das Wasser, das vom Himmel kommt"

Pfingsten I (Hochfest)

Irenäus von Lyon († um 202): Aus dem Buch gegen die Irrlehren

Die Sendung des Heiligen Geistes

Als der Herr den Jüngern die Vollmacht gab, das Sakrament der Wiedergeburt für Gott zu spenden, sprach er zu ihnen: „Geht zu allen Völkern und macht alle Menschen zu meinen Jüngern: tauft sie auf den Namen des Vaters und des Sohnes und des Heiligen Geistes."[1]
Durch die Propheten hatte er versprochen, er werde in den letzten Tagen auf seine Knechte und Mägde den Heiligen Geist ausgießen, so daß sie weissagen würden[2]. Darum kam er auch auf den Sohn Gottes herab, der Menschensohn geworden war, um mit ihm für immer unter dem Menschengeschlecht zu wohnen, bei den Menschen zu ruhen, dem Geschöpf Gottes einzuwohnen, in den Menschen den Willen des Vaters zu erfüllen und sie aus alten zu neuen Menschen Christi umzuschaffen[3].
Lukas erzählt, dieser Geist sei nach der Himmelfahrt an Pfingsten auf die Apostel herabgekommen mit der Macht, allen Menschen den Eingang zum neuen Leben und in den Neuen Bund zu öffnen. Da sangen sie auch in allen Sprachen mit einem Mund ein neues Lied. Der Geist brachte die fernsten Stämme zur Einheit und bot dem Vater die Erstlinge aus allen Völkern dar.
Darum hat der Herr versprochen, den Beistand zu senden, der uns für Gott bereiten soll. Wie ja aus dem trockenen Weizen kein Teig und kein Brot werden kann ohne Feuchtigkeit, so könnten auch wir viele nicht eins werden in Christus Jesus ohne das Wasser, das vom Himmel kommt. Und wie die trockene Erde ohne Feuchtigkeit keine Frucht bringt, so ist es auch mit uns:

Zuerst sind wir dürres Holz. Niemals könnten wir ohne den frei von oben gespendeten Regen das Leben als Frucht erhalten.
Unsere Leiber haben durch das Bad der Taufe die Einheit empfangen, die zur Unvergänglichkeit führt; unsere Seelen erhielten sie durch den Geist.
Der Geist Gottes kam auf den Herrn, „der Geist der Weisheit und der Einsicht, der Geist des Rates und der Stärke, der Geist der Erkenntnis und der Gottesfurcht“[4]. Ihn gab Christus auch der Kirche, als er in alle Welt vom Himmel her den Beistand sandte, von wo er nach seinen Worten auch den Satan wie einen Blitz vom Himmel stürzte[5]. Darum brauchen wir den Tau des Herrn, damit wir nicht vom Feuer verzehrt und unfruchtbar werden, damit wir da, wo der Ankläger auftritt, einen Beistand haben.

[1] Mt 28,19. [2] Vgl. Joel 3,1–3; Apg 2,17. [3] Vgl. Eph 4,22.23.
[4] Jes 11,2. [5] Vgl. Lk 10,18.

Kommentar

Den Heiligen Geist mit einer Taube in Verbindung zu bringen und ihn mit dem Feuer zu vergleichen, sind wir gewohnt, denn dies beruht auf der Hl. Schrift. Daß bei der Taufe Jesu der Himmel sich öffnete „und der Geist wie eine Taube auf ihn herabkam“, steht bei allen drei Synoptikern (Mt 13,16 par); daß dem Apostelkreis am Pfingsttag „Zungen wie von Feuer“ erschienen, steht in der Apostelgeschichte (2,3). Den Heiligen Geist hingegen mit Regen, Tau und Wasser zu vergleichen, ist ungewöhnlicher, aber gleichwohl biblisch. Im Nikodemusgespräch bei Johannes fordert Jesus für die, die in das Reich Gottes kommen wollen, daß sie wiedergeboren werden müßten „aus Wasser und Geist“ (3,5). Dieser Vergleich ist vielleicht deswegen zu Gunsten des drastischer auf das Feuer abhebenden zurückgetreten, weil in der uns gewohnten Bilderwelt eine Sache nicht „Feuer und Wasser zugleich“ sein kann. Dennoch hat der hier von Irenäus herangezogene Vergleich des Geistes mit dem Wasser seine Sinntiefe. Die Bilder des Irenäus vom Wasser beim Zubereiten von Brotteig, beim Gedeihen der

Saaten und beim Schutz vor dem verzehrenden Feuer sprechen für sich. Es sind Bilder für den Heiligen Geist und die Kraft der Taufe zugleich.

Anders als beim Sakrament der Eucharistie ist die Theologie im Fall der Taufe bei der Durchdringung dessen, was im Vollzug des Sakramentes mit dessen Materie geschieht, nie so weit gekommen, daß eine ausdrückliche Lehre von der Realpräsenz des Heiligen Geistes im Wasser der Taufe entstand, wie sie für das Brot und den Wein der Eucharistie gilt. Die Texte der Taufwasserweihe der Osternacht („Durch deinen geliebten Sohn steige herab in dieses Wasser die Kraft des Heiligen Geistes" – früher sehr eindrucksvoll dreimal wiederholt) sowie der Duktus der Gedanken, wie Irenäus sie hier vorlegt, legen es doch nahe, an die wirkliche Präsenz des Geistes in der Taufe zu denken: Im Tau des Herrn haben wir einen Beistand. Das Wasser des Heiligen Geistes ist nicht ein bloßes Bild, sondern wirksame lebendige Metapher.

So lenkt der Text noch einmal den Blick auf das österliche Taufgeheimnis: Taufe bedeutet – auch wenn das häufig im Vordergrund steht – nicht allein „Eingliederung in die Kirche", sondern „Eingliederung in Gott": die Taufe „führt hin zum Leben in Gott", wie Irenäus dies an anderer Stelle sagt. Auch dies ist nicht bloß metaphorische Phrase, sondern Bezeichnung einer Wirklichkeit.

Irenäus betont im großen Zusammenhang seiner Schrift „Gegen die Häresien", aus der dies ein kleiner Abschnitt ist, daß der Herr den Jüngern nicht die Vollmacht gab, in irgendeines Gottes Namen das Sakrament der Wiedergeburt zu spenden, und daß man nicht zwischen Jesus und Christus und dem Geist unterscheiden dürfe. Es geht beim Geist um Gott selbst und bei der Taufe um Gott selbst, wie auch Jesus Christus Gott selbst ist. Denn wenn wir dann einen Beistand brauchen und einen Beistand haben – ist es Gott selber.

Psalm 23 (22) (GL 718)

Zur Abbildung: *Die nur fragmentarisch erhaltene Darstellung der Taufe Christi stammt aus der Petrus-und-Marzellinus-Katakombe in Rom. Christus steht bis zu den Knöcheln im Wasser. Die Hand des Täufers liegt auf seinem Kopf. Vom Himmel her erscheint die Taube und von ihr gehen Strahlen aus, die von den einen als Lichtbündel, von den anderen als das Taufwasser gedeutet werden. Vor dem Original stehend, sieht man jedoch, daß sie bläulich und schwarz gemalt sind.*
In dieser Darstellung der Taufe Jesu ist gleichzeitig die Taufpraxis des 4. Jahrhunderts zu erkennen: entgegen weit verbreitetem Mißverständnis wurde damals die Taufe nicht durch Untertauchen (Immersionstaufe), sondern durch Besprengung der im Wasser Stehenden (Infusionstaufe) gespendet.

„Der Vater tut alles durch das Wort im Heiligen Geist“

Dreifaltigkeitssonntag (Hochfest)

ATHANASIUS († 373): Aus einem Brief an den Bischof Serapion aus Ägypten

Licht, Glanz und Gnade ruhen in der Dreifaltigkeit und kommen aus ihr

Laßt uns die alte Überlieferung befragen, die Lehre und den Glauben der katholischen Kirche. Der Herr hat sie gegeben, die Apostel haben sie verkündet, und die Väter haben daran festgehalten. Auf ihr gründet die Kirche, und wer sie aufgibt, kann nicht mehr Christ sein noch den christlichen Namen tragen.

Die Dreifaltigkeit ist also heilig und vollkommen. Sie wird bekannt als Gott im Vater und im Sohn und im Heiligen Geist. Sie ist mit nichts vermischt, was ihr fremd oder äußerlich wäre. Sie ist auch nicht zusammengesetzt aus dem Weltenbildner und dem Gewordenen. Die Dreifaltigkeit ist vielmehr ganz Schöpfer und Weltenbildner. Sie ist sich selbst gleich, unteilbar ihrer Natur nach, und ihre Wirksamkeit ist eine. Denn der Vater tut alles durch das Wort im Heiligen Geist, und so wird die Einheit der Dreifaltigkeit gewahrt. So wird in der Kirche der eine Gott verkündet, „der über allem und durch alles und in allem ist“[1]. „Über allem“ ist er als Vater, als Ursprung und Quelle; „durch alles“ ist er im Wort; „in allem“ im Heiligen Geist.

Als der heilige Paulus an die Korinther über die Gaben des Geistes schrieb, führte er alles auf den einen Gott, den Vater, als das Haupt zurück, indem er sagte: „Es gibt verschiedene Gnadengaben, aber nur den einen Geist. Es gibt verschiedene Dienste, aber nur den einen Herrn. Es gibt verschiedene Kräfte, die wirken, aber nur den einen Gott: Er wirkt alles in allen.“[2]

Denn die Gaben, die der Geist den einzelnen zuteilt, werden vom

Vater durch den Sohn gegeben. Alles nämlich, was dem Vater gehört, gehört auch dem Sohn. Deshalb sind die Gaben, die vom Sohn im Geist gegeben werden, wahre Gnadengaben des Vaters. Und wenn der Geist in uns ist, so ist auch das Wort, von dem wir ihn empfangen, in uns, und im Wort ist auch der Vater. Und so erfüllt sich in uns das Wort: Wir werden kommen – ich und der Vater – und bei ihm wohnen[3]. Wo nämlich das Licht ist, da ist auch sein Glanz; wo der Glanz ist, da ist auch sein Wirken und seine strahlende Gnade.

[1] Eph 4,6. [2] 1 Kor 12,4–6. [3] Vgl. Joh 14,23.

Kommentar

Ein „schwieriger" Väterbrief zum Dreifaltigkeitssonntag – das sollte nicht weiter erstaunen; nur wer den drei-einen Gott schon verstanden zu haben meint, dem wird ein solcher Text „leicht" vorkommen, und er wird über ihn hinweglesen können.

Athanasius, später einer der vier östlichen Kirchenlehrer, doch wahrlich zu seiner Zeit ein umstrittener Mann, hat ihn um 359 geschrieben, als er sich, vom Kaiser als Bischof von Alexandria abgesetzt, unter den Mönchen in den ägyptischen Wüsten versteckte. Der Adressat des Briefes (sowie noch einiger anderer) ist recht gut bekannt: Er ist gleichfalls Bischof und amtierte im unterägyptischen Thmuis. Bevor er Bischof wurde, war er einer der von Athanasius so bewunderten Mönchsväter. Das von ihm hinterlassene Gebetbuch (Euchologium) ist das älteste bekannte Buch für die Sakramentenspendung; es bezeugt zum ersten Mal den Gesang des Sanctus (Trishagion) nach der Präfation.

In der Zeit, als Athanasius Serapion schreibt, lebte, durch die arianischen Streitigkeiten für das Problem sensibilisiert, die Diskussion um die Gottheit des Hl. Geistes auf. Es waren durchaus Leute, die auf dem Boden der Formeln von Nizäa standen und sich zur Wesensgleichheit von Vater und Sohn bekannten, die aber nicht diese Wesensgleichheit auch noch vom Hl. Geist behaupten wollten. Man fragte, ob eine solche Aussage biblisch zu begründen sei und fürchtete, die christliche Gotteslehre würde endgültig polytheistisch werden oder doch dem Polytheismus, der ansonsten als heidnisch bekämpft wurde, zum Verwechseln ähnlich. Deshalb sah man den Hl. Geist lieber als den ersten der auserwählten Engel an. Waren die Engel nicht ohnehin Mittler und Botschafter zwischen Gott und den Menschen? War nicht genau dies auch die Funktion des Hl. Geistes? Hieß es nicht wie zur Erläuterung dieser Ansicht in der Schwurformel des 1 Tim 5,21: „Ich beschwöre dich bei Gott, bei Christus Jesus und bei den auserwählten Engeln ..."?

Hier indes greift Athanasius ein: als Engel und sei es auch als oberster, wäre der Hl. Geist ein Geschöpf Gottes. „Was soll das für eine Gottesvorstellung sein, die Schöpfer und Geschöpf in sich schließt?" Und: wer die Gottheit des Hl. Geistes nicht voraussetzt, der schmälert die Wirksamkeit des Erlösungswerkes Christi. Denn er will ja fortgesetzt durch den Geist wirken. „Denn der Vater tut alles durch das Wort im Heiligen Geist." Nur wenn der Geist im Vollsinn Gott ist, gilt dann auch umgekehrt: „Wenn der Geist in uns ist, so ist auch das Wort, von dem wir ihn empfangen, in uns, und im Wort ist auch der Vater."

Wir lesen solche Formulierungen heute mit großer Selbstverständlichkeit, weil sie zum erlernten Formelschatz gehören. Das Selbstverständliche ist freilich nicht immer auch schon das Verstandene – geschweige denn Erlebte.

So stellt das Dreifaltigkeitsfest die Frage nach dem Erlebnis des Geistes und damit unmittelbar nach der Beziehung zu Gott.

Psalm 8 (GL 629)

Zur Abbildung: *Kann man die Dreifaltigkeit überhaupt darstellen? Letztlich nicht. Dennoch sind immer wieder Versuche unternommen worden. Grob kann man diese in zwei Kategorien teilen: die angelomorphen (engelgestaltigen) und anthropomorphen (menschengestaltigen). Zur letzteren gehören seit dem Mittelalter die „Gnadenstühle", die den Vater auf dem Thron darstellen, den Gekreuzigten haltend und über beiden der Geist in Gestalt der Taube.*

Wesentlich älter ist die engelgestaltige Darstellung: drei völlig gleiche, jugendliche Engel sitzen um einen Tisch. Eine als Ikone bis heute sehr beliebte Darstellung. Sie ist aus der szenischen Wiedergabe des Besuchs der drei Fremden bei Abraham entstanden (Gen 18,1–33): Drei Männer kamen da, Abraham redete aber nur einen an, drei Männer bewirtete er, drei aßen, aber nur einer redete mit ihm. Schon früh folgerten einige Kirchenväter daraus,

Abraham, der Urvater aller im Glauben, habe so bereits eine Erscheinung der Dreifaltigkeit gehabt: „Abraham, bereit zur Aufnahme der himmlischen Gäste, treu seinem Gott, unverdrossen in seiner Dienstfertigkeit, sah die Dreifaltigkeit im Abbild … als er, die Drei erblickend, doch nur einen anbetete." (Ambrosius, Über den Tod seines Bruders Satyrus II). Das Mosaik von der linken Wand des Mittelschiffs in Santa Maria Maggiore in Rom zeigt diese Szene. Oben nähert sich Abraham eilig mit flatterndem Mantel den Dreien, um sie zu begrüßen, leicht geht er in die Knie und neigt den Oberkörper: So nähert man sich ehrfurchtsvoll dem Herrscher. Der Mittlere der Drei ist umgeben von einer durchscheinenden Wolke der Göttlichkeit, einem Ätherkreis. Er redet, was die gestikulierende Hand zeigt, mit Abraham. Im unteren Bild werden die Drei dann bewirtet. Am farbigen Original sieht man deutlich, wie alle Drei feurige Gesichter haben und ein roter Schein sie umfängt.

„Unter der Gestalt“

Hochfest des Leibes und Blutes Christi – Fronleichnam

THOMAS VON AQUIN († 1274): Aus dem Opusculum über das Fest des Leibes Christi (Predigt über die Eucharistie)

Du kostbares, bestaunenswertes Gastmahl!

Weil uns der einziggeborene Sohn Gottes Anteil an seiner Gottheit geben wollte, nahm er unsere Natur an, wurde Mensch, um die Menschen göttlich zu machen. Mehr als das: Was er von dem Unsrigen annahm, gab er ganz hin für unser Heil. Denn er brachte seinen Leib auf dem Altar des Kreuzes zu unserer Versöhnung Gott, dem Vater, als Opfergabe dar. Er vergoß sein Blut für uns als Lösepreis und als Bad zugleich. So sollten wir von elender Knechtschaft erlöst und von aller Sünde gereinigt werden.

Damit uns aber ein Gedächtnis dieser so großen Liebe bleibe, hinterließ er den Glaubenden seinen Leib zur Speise und sein Blut zum Trank unter der Gestalt von Brot und Wein.

Welch ein kostbares und bestaunenswertes Gastmahl, heilbringend und voll Wohlgeschmack! Denn was kann kostbarer sein als dieses Gastmahl? In ihm wird uns nicht das Fleisch von Kälbern und Böcken zur Speise gegeben wie einst unter dem Gesetz, sondern Christus, der wahre Gott. Gibt es etwas Bestaunenswerteres als dieses Sakrament?

Kein Sakrament hat eine heilsamere Wirkung als dieses: Es reinigt von Sünden, es mehrt die Tugenden und erfüllt den Geist mit dem Reichtum aller geistlichen Gaben. Es wird in der Kirche für die Lebenden und die Toten dargebracht, damit allen zugute komme, was zum Heil aller eingesetzt ist.

Niemand kann schließlich die Wonnen dieses Sakraments hinreichend ausdrücken, da in ihm die Süße des Geistes in ihrem

Quell genossen und in ihm das Gedächtnis jener unübertrefflichen Liebe begangen wird, die Christus in seiner Passion bewiesen hat.
Um also die Unermeßlichkeit seiner Liebe den Herzen der Gläubigen tiefer einzuprägen, stiftete er beim Letzten Abendmahl dieses Sakrament, nachdem er das Pascha mit seinen Jüngern gefeiert hatte und als er aus dieser Welt zum Vater hinübergehen sollte. Er stiftete es als immerwährendes Gedächtnis seiner Passion, als einzigartigen Trost für jene, die seine Abwesenheit mit Trauer erfüllt.

Kommentar

Daß es Thomas von Aquin war, der die Transsubstantiationslehre „erfunden" hat, gehört zur theologischen Allgemeinbildung wie wenig sonst. Als er jedoch auf dem Totenbett lag, da betete er nach dem vertrauenswürdigen Bericht seines ersten Biographen Wilhelm von Tocco beim Empfang der Sterbekommunion: „Ich empfange dich als Lösegeld meiner Seele, ich empfange dich als Wegzehrung für meine Pilgerfahrt; aus Liebe zu dir habe ich studiert, gewacht und mich bemüht. Dich habe ich gepredigt und gelehrt. Gegen dich habe ich niemals etwas gesagt; sollte ich aber etwas gesagt haben, so habe ich es unwissend gesagt, und ich beharre nicht hartnäckig auf meiner Meinung, sondern wenn ich über dieses Sakrament oder über anderes schlecht gelehrt habe, so überlasse ich es ganz der Verbesserung durch die heilige römische Kirche, in deren Gehorsam ich nun aus diesem Leben scheide" (Vita 58). Wieso diese Skrupel, fragt man sich nicht ohne Staunen, warum der Selbstzweifel über das von ihm Gelehrte, der in diesem Gebet zum Ausdruck kommt? Erklärlich wird das erst, wenn man sich vor Augen hält, daß damals die Transsubstantiationslehre „eine ganz modernistische Theorie" war.
„Viele hielten sie für zu wenig ‚realistisch' in der Deutung der eucharistischen Gegenwart des Leibes und Blutes Christi. In der Tat wurde die Transsubstantiationslehre ‚erfunden', um theologisch massiven Vorstellungen der Volksfrömmigkeit zu begegnen,

die meinten, in der Kommunion werde der Leib des Herrn von den Händen der Priester gebrochen und von den Zähnen der Gläubigen zerbissen!" (O. H. Pesch) Demgegenüber betont die Transsubstantiationslehre die „Geistigkeit" und „Unanschaulichkeit" der Eucharistie. Dies war zur Zeit des hl. Thomas keineswegs gleich die allseits anerkannte Perspektive. Zwar taucht der Begriff der Transsubstantiation schon auf dem IV. Laterankonzil auf, aber erst das Konzil von Trient definierte die Eucharistie im Sinne des hl. Thomas. Seine Zeit dachte noch „realistischer" als er, und das sich ab dem 13. Jahrhundert durchsetzende Fronleichnamsfest war davon geprägt.

Doch ging der von Thomas gesäte Same auf: das Verständnis der Eucharistie als spiritueller Wirklichkeit hat sich durchgesetzt. Dieses „Geheimnis des Glaubens" ist „bestaunenswert", „niemand kann die Wonnen dieses Sakraments hinreichend ausdrücken"; in seinen Zeichen tief verhüllt, vom Verstand nicht zu verstehen, ist es geistliche, nicht materielle Realität.

Ist heute nicht unter dem stillschweigend oft primären Verständnis der Eucharistie als vornehmlich gemeinsamer Speise beim gemeinsamen eucharistischen Mahl der Gemeinde nicht wieder erneut, wie im Spätmittelalter, die Gefahr eines bloßen „Sakramentenrealismus" gegeben, wenn auch unter anderen Vorzeichen? Ist umgekehrt bei der Verehrung der Eucharistie aber immer auch schon bedacht, was in Thomas' *Pange lingua*-Hymnus in der vorletzten Strophe *(„Tantum ergo")* steht: *praestet fides supplementum sensuum defectui* – der Glaube muß zur Beschränktheit unserer Sinne als Ergänzung hinzutreten? Dies scheint es mir zu sein, worauf uns die in der Monstranz gezeigte Hostie immer zuerst hinweist.

Hymnus „Pange, lingua" (GL 543/544)

Zur Abbildung: *In Weinbaugebieten begegnet in Kirchen oder auf den Fluren gelegentlich ein „Christus in der Kelter", in Stein gehauen oder als Gemälde, wie dieses Beispiel aus dem Bayerischen Nationalmuseum in München. Ausgehend von Joh 15,1 („Ich bin der wahre Weinstock"), wurden schon in der antiken Väterexegese Blut und Wein der Eucharistie, der Kreuzestod und das Keltern der Trauben parallelisiert, woraus im Mittelalter das Bild des „mystischen Keltertreters" entstand. Spätmittelalter und Barockzeit stellen Christus in der*

Kelter häufig in aller Drastik dar: der Gekreuzigte wird in der Kelter gequetscht und sein Blut spritzt direkt in einen Kelch. Die handfeste Anschaulichkeit solcher Bilder leistete gewiß dem Sakramentenrealismus Vorschub, wenngleich ihr hoher Symbolgehalt immer auch Anknüpfungspunkte zu beschaulicher Betrachtung bot.
In Weinbergen stehend, sind die Bilder immer auch als Hinweis auf den Bezug des Weins – und der Arbeit für ihn! – zum heiligen Geheimnis verständlich gewesen.
Dieses Bild hat vermutlich eine Küferzunft oder -bruderschaft gestiftet. Im Vordergrund sind ihre Mitglieder tätig, rechts von der Kelter erscheinen andere im Gebet bzw. mit dem ewigen Licht.

Quell des Lebens – Durst nach Wahrheit

Heiligstes Herz Jesu (Hochfest, Freitag der 3. Woche nach Pfingsten)

Bonaventura († 1274): Aus dem Opusculum „Das Holz des Lebens“

Bei dir ist die Quelle des Lebens

Betrachte auch, du erlöster Mensch, wer es ist, der für dich am Kreuz hängt, wie groß und heilig er ist, er, dessen Tod die Toten lebendig macht, bei dessen Hinübergang Himmel und Erde trauerten und harte Felsen zersprangen.
Aus der Seite des am Kreuz entschlafenen Christus sollte die Kirche gebildet werden, und es sollte sich die Schrift erfüllen: „Sie werden auf den blicken, den sie durchbohrt haben.“[1] Darum verfügte Gott, daß einer der Soldaten diese Seite durchbohrte und öffnete. Blut und Wasser flossen heraus, der Lösepreis unseres Heils. Ausgegossen aus dem Quell, dem Allerheiligsten des Herzens, sollte dieser Preis den Sakramenten der Kirche die Kraft geben, das Leben der Gnade zu gewähren. Den bereits in Christus Lebenden sollte er der Becher lebendigen Wassers für das ewige Leben sein.[2]
Eile hin zu diesem Quell des Lebens und des Lichtes mit lebendigem Verlangen, du gottliebende Seele, wer immer du bist, und rufe zu ihm mit der innersten Kraft des Herzens: Du unsagbare Schönheit des höchsten Gottes, du reinster Abglanz des ewigen Lichtes, du Leben, das allem Leben das Leben gibt, du Licht, das allem Licht das Licht verleiht und seit dem ersten Morgenrot die vielfältigen Lichter des Himmels in immerwährendem Glanz erhält, vor dem Thron deiner Gottheit.
Du ewiger, unzugänglicher, lauterer und süßer Strom aus der Quelle, die vor den Augen der sterblichen Menschen verborgen ist, deren Tiefe ohne Grund, deren Höhe ohne Grenzen, deren Weite

ohne Schranken ist und deren Reinheit nicht getrübt werden kann! Aus ihr entspringt der Fluß, der die Gottesstadt erfreut[3], damit wir unter Jubel und Dank Loblieder singen und uns die Erfahrung bezeuge: „Bei dir ist die Quelle des Lebens, in deinem Licht schauen wir das Licht."[4]

[1] Sach 12,10; vgl. Joh 19,37. [2] Vgl. Joh 4,14. [3] Vgl. Ps 46,5. [4] Ps 36,10.

Kommentar

Die moderne Herz-Jesu-Verehrung ist in nicht geringem Maße trotz ihrer „Süßigkeit" von manch „saurem Kitsch" (E. J. Lengeling), der mit ihr verbunden war, verdunkelt. Doch kein Zweifel, sie stellt für das Hoch- und Spätmittelalter, namentlich in Deutschland, einen integralen und wirklich beachtenswerten Bestandteil dar.

Von vornherein ist klar, daß es sich hier nicht um die Verehrung des Herzmuskels Jesu handelt. Und doch war mit dem Herzen Jesu stets mehr gemeint als eine bloße Metapher für seine Liebe. Es geht zum einen um ein tieferes Erfassen seiner Leiblichkeit, um ein Fest, das ganz den Blick auf die Menschlichkeit Jesu lenken will, das zur Meditation Gottes als eines leidenden Menschen anleiten will, zur imaginativen Teilnahme am Kreuzesgeschehen als Quelle der Begnadung des Menschen.

Jesu Ausruf „Wer Durst hat, komme zu mir, und es trinke, wer an mich glaubt", wurde im Johannesevangelium interpretiert: „Wie die Schrift sagt: Aus seinem Innern werden Ströme von lebendigem Wasser fließen. Damit meinte er den Geist, den alle empfangen sollten" (Joh 7,37–39). Irenäus von Lyon hat das Ende des 2. Jahrhunderts weiter ausgedeutet: „Wo die Kirche, da ist auch der Geist Gottes; und wo der Geist Gottes, dort ist die Kirche und alle Gnade; der Geist aber ist Wahrheit. Die den Geist der Wahrheit nicht aufnehmen, empfangen von den Brüsten der Mutter (Kirche) keine Nahrung zum Leben, noch das von dem Leibe Christi ausgehende, hellsprudelnde Wasser." (Gegen die Häresien III 24,1) Dies ist der zweite Gedanke. Der Gekreuzigte, aus dessen

Seite Blut und Wasser fließen (Joh 19,34), ist der, von dem der Dürstende trinken kann. Es ist der Durst nach Wahrheit, den er löscht – durch die Mitteilung des Hl. Geistes. Dies wiederum jedoch nicht ohne „Leiblichkeit". Wie die Menschlichkeit Jesu, für die sein Herz steht, untrennbar zur Erlösung gehört, so die Kirche und die Sakramente zur Mitteilung des Hl. Geistes. So entstand die Anschauung, daß am Kreuz die Kirche wie ein Quell entsprang.
In der Verehrung des Herzens Jesu wird also das Kreuzesgeschehen als Erlösung in ihrer Mitteilung an uns meditiert. Alle drei Stränge dieser großangelegten Symbolik, der christologische, ekklesiologische und pneumatologische, sind bei Bonaventura, dem größten Franziskanertheologen des Mittelalters, bereits fest verknüpft: „Betrachte, du erlöster Mensch …", nimm alle deine Einbildungskraft zusammen und versuche zu erspüren, was vom Kreuz für dich ausgeht! Und dann rufe zum Gekreuzigten, mit der innersten Kraft des eigenen Herzens.

Canticum 1 Petr 2,21–24 (GL 192)

Zur Abbildung: *Der Text Bonaventuras stammt aus einer groß angelegten Meditation über den Gekreuzigten. Sein Kreuz wird als Lebensbaum betrachtet, an dessen Fuß der Quell des Lebens entspringt. Einer sehr frühen Handschrift des Textes, eine Generation nach Bonaventuras Tod entstanden, ist dieser Kreuzesbaum als Meditationsbild beigegeben. Unten rechts kniet der Eigentümer der Handschrift, Symon, ein Priester, der 1296 geweiht wurde und später Kanonikus in Lüttich war. Heute befindet sie sich in der Hessischen Landes- und Hochschulbibliothek Darmstadt. Links neben dem Kreuz Maria und Johannes mit dem Schriftzitat: „Dir selbst aber wird ein Schwert durch die Seele dringen" (Lk 2,35). Rechts ein Soldat und vor ihm der Hauptmann, der bekannte: „Wahrhaftig, das war Gottes Sohn" (Mt 27,54). Gleich zweimal steht es da.*
Auf den Zweigen des Kreuzbaumes sind die 48 Punkte der Meditation verzeichnet. Wie Früchte hängen Jesu Tugenden und Verdienste von ihnen herab: die Geduld bei erlittenen Beleidigungen, die Zuversicht in Gefahren, die Standhaftigkeit bei der Kreuzigung und der Sieg im Kampf. In den Enden der Zweige hocken alttestamentliche Propheten von Mose bis Sacharja, welche das Kreuzesgeschehen voraussagten. (Diese Weissagungen sind jedoch, durchaus der Zeit entsprechend, nicht ohne antijüdischen Unterton ausgesucht.) Ihnen entsprechen ganz oben Paulus (links) und Petrus (rechts) mit Zitaten aus ihren Werken: „Ich aber will mich allein des Kreuzes Jesu Christi rühmen" (Gal 6,14) – „Christus hat für euch gelitten und euch ein Beispiel gegeben" (1 Petr 2,21).
Die Krone des Baumes bildet, in Entsprechung zum Quell an seinem Fuße, jener Pelikan, von dem Ps 102 (101), 7 (Vg.) sagt: „Ich bin dem Pelikan in der Einsamkeit gleich geworden." In der Wüste hackte dieser Vogel sich die eigene Brust auf, um seine verdurstenden Jungen mit seinem Blut zu tränken.

Symon

„Johannes ist Stimme auf Zeit, Christus das ewige Wort"

Geburt Johannes des Täufers (Hochfest, 24. Juni)

AUGUSTINUS († 430): Aus einer Predigt über den hl. Johannes den Täufer

Die Stimme des Rufenden in der Wüste

Die Kirche feiert die Geburt des Johannes gleichsam wie eine geheiligte Geburt, unter den Vätern ist keiner sonst, dessen Geburtsfest wir feierlich begehen. Wir feiern nur die Geburt des Johannes und die Geburt Christi. Das kann nicht bedeutungslos sein.

Johannes wird geboren von einer unfruchtbaren Greisin, Christus von einer Jungfrau im Jugendalter. Der Vater glaubt nicht an die Geburt des Johannes und wird stumm. Maria glaubt an Christus und empfängt ihn im Glauben. Was untersucht und erörtert werden soll, ist damit gesagt.

Johannes scheint so etwas wie eine Grenzlinie zwischen den beiden Testamenten, dem Alten und dem Neuen, zu sein. Der Herr selbst bezeugt, daß Johannes gleichsam eine Grenze ist; denn er sagt: „Das Gesetz und alle Propheten, bis hin zu Johannes dem Täufer"[1]. Johannes stellt in seiner Person das Alte dar und verkündet doch das Neue. Weil er das Alte darstellen sollte, wurde er von einer Greisin geboren; weil er das Neue vertritt, wird er noch im Schoß der Mutter zum Propheten erklärt. Als er noch nicht geboren war, jubelte er im Mutterschoß bei der Ankunft Marias. Schon dort hatte er seine Bestimmung, eine Bestimmung vor der Geburt; wessen Vorläufer er sein sollte, wurde angezeigt, bevor er von ihm gesehen wurde. Diese Zusammenhänge sind heilig, sie sprengen das Maß menschlicher Gebrechlichkeit. Schließlich kommt Johannes zur Welt, erhält den Namen, und die Zunge des Vaters wird

gelöst. Bedenke, was alles geschehen ist, weil es im Bild die wahre Wirklichkeit darstellte.
Zacharias schweigt und verliert die Stimme, bis Johannes, der Vorläufer des Herrn, geboren ist und ihm die Stimme wiedergibt. Was ist das Schweigen des Zacharias anderes als eine verborgene Weissagung, die gleichsam geheim und verschlossen war, bevor der Herr verkündigt wurde? Sie wird aufgeschlossen bei der Ankunft des Johannes, sie wird deutlich, wenn der kommt, der durch Weissagung angekündigt ist. Daß bei der Geburt des Johannes die Stimme des Zacharias freigegeben wird, bedeutete das gleiche wie das Zerreißen des Vorhangs, als Christus am Kreuz hing. Verkündete Johannes sich selbst, könnte er den Mund des Zacharias nicht öffnen. Die Zunge wird gelöst, weil die Stimme geboren ist. Denn als Johannes den Herrn vorausverkündigte, wurde er gefragt: „Wer bist du?" Er antwortete: „Ich bin die Stimme eines Rufers in der Wüste."[2] Johannes ist die Stimme, der Herr aber ist „im Anfang das Wort"[3]. Johannes ist Stimme auf Zeit, Christus im Anfang das ewige Wort.

[1] Vgl. Mt 11,13. [2] Joh 1,21.23. [3] Joh1,1.

Kommentar

Der modern geschulte Theologe wird mit dem, was Augustinus uns hier über den hl. Johannes sagt, unter Umständen große Probleme haben. Wir wissen heute, daß Johannes und seine Anhänger wohl zu Jesus und dessen Jüngern in einem gewissen Spannungs-, wenn nicht sogar Konkurrenzverhältnis standen; die christlich geprägte Tradition bei allen vier Evangelisten hat dies zu mildern und zu glätten versucht. Dadurch ist manches auf immer undurchsichtig geworden.
Beide, Jesus und Johannes, hatten viel Gemeinsames, aber auch manch Trennendes stand zwischen ihnen. Johannes war ein Täufer; als *der* Täufer und Spender der endzeitlichen Bußtaufe ist er in die Geschichte eingegangen. Jesus aber taufte selbst nicht; erst die nachösterliche Gemeinde praktizierte wieder die Taufe. Beide

freilich, Jesus und der Täufer, waren Apokalyptiker. Sie zollten einander Anerkennung, ohne daß es jedoch zu einer direkten Zusammenarbeit kam. Im Gegenteil sieht es so aus, als seien Jesu erste Jünger – Andreas und ein zweiter, ungenannter – aus dem Johanneskreis übergelaufen (vgl. Joh 1,35–40). Dennoch bekunden beide einander ihre Hochachtung: „Ihr habt mehr gesehen als einen Propheten", ist aus dem Munde Jesu überliefert (Mt 11,9) und gleichzeitig die Frage des Johannes aus dem Gefängnis: „Bist Du der, der kommen soll?" (Mt 11,3).

Daß Johannes eine über den eigenen und den Tod Jesu hinaus bestimmende Figur blieb, zeigt uns ganz deutlich die Gruppe jener Männer aus Ephesus, welche die Johannestaufe bereits empfangen hatten, als Paulus mit ihnen in Kontakt tritt, die aber gleichwohl als „Jünger" bezeichnet werden (Apg 19,1–7). Die „Grenzlinie" zwischen dem Alten in Johannes und dem Neuen bei Jesus war also keineswegs von Anfang an ganz deutlich zu ziehen.

Augustinus hingegen portraitiert Johannes völlig in der Tradition des „Vorläufers" (weshalb er in der griechischen Kirche auch Johannes Prodromos, der Vorläufer oder Kundschafter, heißt); in Johannes und Jesus treten sich exemplarisch das Alte und das Neue gegenüber. In einer schönen typologischen Ableitung wird das begründet: Die Mutter des einen ist eine alte Frau, die des anderen eine Jungfrau.

Der Vater des Johannes verfällt ins ungläubige Schweigen, als ihm die Empfängnis eines Sohnes vorhergesagt wird. Und aus diesem Schweigen erlöst ihn erst die Geburt dieses Sohnes, der „die

Zur Abbildung: *Die altchristliche Kunst hat Johannes d. T. zunächst im Zusammenhang der Taufe Jesu dargestellt, bärtig, mit der Tunika und einem Mantel oder Löwenfell darüber. Einzeldarstellungen wie diese tauchen erst später auf. Es handelt sich um eine Elfenbeintafel von der Kathedra des Bischofs Maximian von Ravenna (Mitte 6. Jh., im Dommuseum von Ravenna). Johannes bildet dort, flankiert von den vier Evangelisten, die Zentralfigur der Vorderfront. Die Darstellung betont durch die Haartracht und den langen Fellmantel die Eigenschaft des Johannes als Wüstenasket und Vorbild der Mönche, durch die Komposition im Kreis der Evangelisten seine Funktion als Verkündiger. Das Thema seiner Predigt gibt der Diskus mit dem Lamm Gottes (vgl. Joh 1,29) in der Linken an, ein Attribut, das in der Spätantike selten ist und erst im europäischen Mittelalter wieder auftaucht, denn 692 verbot die sog. Trullanische Synode von Konstantinopel im Vorfeld des Bilderstreits die Darstellung des Lamm Gottes. Deshalb findet man Johannes später häufiger mit dem Stab des Herolds oder Boten.*

Stimme" ist, die schon im Mutterleib durch eine Bewegung auf den hinwies, der in Maria bereits anwesend war, als sie ihre Verwandte Elisabet besuchte. Das Hüpfen des Kindes, das Elisabet wie alle schwangeren Frauen von Zeit zu Zeit verspürte und besonders als Maria kam, wird also als die erwachende prophetische Gabe des noch ungeborenen Johannes verstanden. Ein frommer Einfall, gewiß, aber doch auch ein zutreffender, insofern die Rolle des Johannes unzweifelhaft nur in der prophetischen (d. h. apokalyptischen) Bewegung der Jahrhunderte um die Zeitenwende zu verstehen ist.

Auch noch ein weiteres ist stimmig an Augustins Interpretation der Johannesfigur: ist Jesus das ewige Wort und der Logos, dann haben Johannes – und wir mit ihm – nur die Möglichkeit, die Stimme jenes Wortes zu sein. Eine Stimme, die das Schweigen durchbricht, die Zungen löst, das Geheimnis Gottes ein wenig zu enthüllen hilft, so daß ein Blick ins Allerheiligste möglich wird, nach dem der Vorhang davor zerrissen ist.

LOBGESANG DES ZACHARIAS (Benedictus) Lk 1,68–75.78f (GL 89)

„Diese beiden waren eins“

Petrus und Paulus, Apostel (Hochfest, 29. Juni)

Augustinus († 430): Aus einer Predigt zum Fest der Heiligen Petrus und Paulus

Diese Märtyrer durften sehen, was sie verkündigten

Dieser Tag ist durch das Leiden der Apostel Petrus und Paulus geheiligt. Nicht von unbekannten Märtyrern sprechen wir: „Ihre Botschaft ging in die ganze Welt hinaus, ihre Kunde bis zu den Enden der Erde.“[1] Diese Märtyrer sahen, was sie verkündigten; sie folgten der Gerechtigkeit, bekannten die Wahrheit und starben für sie.

Der heilige Petrus, der Erste unter den Aposteln, liebte den Herrn von ganzem Herzen. Darum durfte er die Worte hören: „Ich sage dir: Du bist Petrus.“ Nachdem Petrus selbst bekannt hatte: „Du bist der Messias, der Sohn des lebendigen Gottes“, antwortete ihm Christus: „Ich aber sage dir: Du bist Petrus, und auf diesen Felsen werde ich meine Kirche bauen.“[2] Auf diesen Felsen werde ich den Glauben bauen, den du bekennst. Darauf nämlich, daß du bekannt hast: „Du bist Christus, der Sohn des lebendigen Gottes“, werde ich meine Kirche bauen. Denn du bist Petrus – Petrus kommt von ‚Fels‘, nicht ‚Fels‘ von Petrus. Petrus kommt so von ‚Fels‘ wie ‚Christ‘ von Christus.

Wie ihr wißt, hat der Herr Jesus vor seinem Leiden die Jünger ausgewählt, die er Apostel nannte. Fast bei allen Gelegenheiten durfte allein Petrus die ganze Kirche vertreten. Weil er allein die ganze Kirche darstellte, durfte er die Worte hören: „Ich werde dir die Schlüssel des Himmelreichs geben.“[3] Denn diese Schlüssel erhält nicht ein einzelner Mensch (Petrus), sondern die eine Kirche. Darum wird der hohe Vorzug des Petrus gepriesen, weil er eben die Gesamtheit und Einheit der Kirche in seiner Person

darstellte, als ihm gesagt wurde: „Dir werde ich übergeben", was allen gemeinsam anvertraut wurde. Um zu verstehen, daß die Kirche die Schlüssel des Himmelreichs erhalten hat, hört, was der Herr an anderer Stelle zu allen Aposteln sagt: „Empfangt den Heiligen Geist. Wem ihr die Sünden vergebt, dem sind sie vergeben; wem ihr die Vergebung verweigert, dem ist sie verweigert."[4]
Mit Recht hat der Herr dem Petrus auch nach seiner Auferstehung seine Schafe zum Weiden anvertraut. Nicht einzig er unter allen Jüngern durfte für die Schafe sorgen. Wenn Christus vielmehr zu dem einen spricht, legt er ihm die Einheit ans Herz; dem Petrus zuerst, weil er unter den Aposteln der Erste ist. Sei nicht traurig, Apostel: antworte einmal, antworte noch einmal und ein drittes Mal. Dreimal siege in der Liebe das Bekenntnis, weil die Vermessenheit dreimal der Furcht unterlag. Dreimal soll gelöst werden, was dreimal gebunden wurde. Löse durch die Liebe, was du durch die Furcht gebunden hattest. Dennoch hat der Herr dem Petrus einmal, zweimal, dreimal seine Schafe anvertraut.
Die zwei Apostel haben an ein und demselben Tag gelitten. Aber auch diese beiden waren eins. Hätten sie auch an verschiedenen Tagen gelitten, wären sie dennoch eins gewesen. Petrus ging voraus, Paulus folgte. Wir feiern das Fest der Apostel, es ist uns heilig durch ihr Blut. Laßt uns ihren Glauben lieben, ihr Leben, ihre Mühen, ihre Leiden, ihr Bekenntnis, ihre Verkündigung.

[1] Vgl. Ps 19,5. [2] Mt 16,16.18. [3] Mt 16,19. [4] Joh 20,22.23.

Kommentar

Schon der älteste Heiligenkalender der Stadt Rom, in dem die Begräbnistage der offiziell verehrten Märtyrer verzeichnet sind, die *Depositio Martyrum*, welche in einem Staatshandbuch und -kalender aus dem Jahre 354 erhalten ist, verzeichnet für den 29. Juni ein gemeinsames Fest für Petrus und Paulus in Rom. Und auch wenn die Überlieferungen von ihrem gleichzeitigen Martyrium, auf die sich Augustinus offensichtlich bezieht („Die zwei

Zur Abbildung: *Wer ein wenig mit der altchristlichen Kunst Roms vertraut ist, der kennt vermutlich als eines unter den prächtigen Gewölbemosaiken im Umgang von Santa Costanza in Rom die Darstellung der* traditio legis *an Petrus: Christus, auf dem Paradiesberg stehend zwischen Paulus und Petrus, überreicht diesem eine Buchrolle, auf der einst geschrieben stand:* Dominus legem dat – *der Herr gibt das Gesetz. (Die heute dort zu lesende Fassung* Dominus pacem dat – *der Herr gibt den Frieden – ist eine falsche Ergänzung.) Petrus tritt hier, um die Mitte des 4. Jahrhunderts, als der auf, der das neue Gesetz Christi empfängt. Darin ist durchaus eine besondere Auszeichnung gesehen worden. Das wird sofort klar, wenn man die Szene betrachtet, wie sie mancherorts außerhalb Roms und seines künstlerischen Bannkreises dargestellt wurde, etwa auf diesem Sarkophag aus Ravenna, das im Einflußbereich Konstantinopels stand. Hier sind Petrus und Paulus mehr „gleichberechtigt" dargestellt: Petrus trägt sein Kreuz und hat die Schlüssel des Himmelreichs empfangen, Paulus erhält – als der Verkünder des „Gesetzes des Geistes" (Röm 8,2) – die Rolle mit der neuen* lex Christi. *(Der Sarkophag befindet sich in Sant'Apollinare in Classe; er stammt aus der Mitte des 5. Jahrhunderts.)*

Apostel haben an ein und demselben Tag gelitten"), legendarisch sind, so steht doch fest, daß schon der berühmte Brief des Clemens von Rom an die Korinther um 100 die beiden in einem Atemzuge nennt (Kap. 5). Bald darauf liest man Ähnliches im Römerbrief des Ignatius von Antiochia (4,3).

„In catacumbas", bei der Katakombe von San Sebastiano an der Via Appia antica vor Rom, hat man ganz offensichtlich das Fest beider gefeiert. Zunächst noch nicht mit einer Eucharistiefeier, sondern

einem Gedächtnismahl, dessen Teilnehmer an Ort und Stelle ihre Bitten an die beiden Apostel in unzähligen Kritzeleien hinterlassen haben.
Petrus und Paulus galten als die Gründer der Kirche von Rom und als die Garanten ihres apostolischen Ursprungs: „Sie sahen, was sie verkündigten". Mit dieser Anspielung auf 1 Joh 1,3 („Was wir gesehen und gehört haben, das verkündigen wir euch, damit auch ihr Gemeinschaft mit uns habt. Wir aber haben Gemeinschaft mit dem Vater und mit seinem Sohn Jesus Christus.") deutet Augustinus den Wert des Apostolischen an: es ist der Transmissionsriemen, mit dem die Bewegung der Wahrheit vom Verkündiger Jesus auf die Hörer der Verkündiger späterer Generationen übertragen wird.
Wie von leiser Skepsis gegenüber der legendarischen Überlieferung vom gleichzeitigen Martyrium Petri und Pauli geleitet, fügt Augustinus hinzu: „Die beiden waren eins. Hätten sie auch an verschiedenen Tagen gelitten, wären sie dennoch eins gewesen." Und auch in dem, was er besonderes von Petrus sagt, betont er den Wert der Einheit und als dessen Aufgabe: Er stellt „die Gesamtheit und Einheit der Kirche in seiner Person dar"; ihm legt Christus „die Einheit ans Herz".
Wie läßt sich die Einheit verwirklichen? Das Fest der beiden Apostel gibt den Hinweis: Zum einen nicht ohne Auseinandersetzung, nicht ohne Spannung, denn in Antiochia hat einst der eine dem anderen „ins Angesicht widerstanden" (Gal 2,11; die Vorgeschichte ist im Stundenbuch als biblische 1. Lesung vorgesehen), und andererseits nicht ohne Überwindung der Furcht. Der seinen Herrn verleugnende Petrus war seiner Furcht unterlegen: „Löse durch Liebe, was du durch Furcht gebunden hattest." Erst das befähigt, Einheit herzustellen, sie zu bewahren, durch Spannungen hindurch verbunden zu bleiben – wie Petrus und Paulus.

Psalm 33 (32) (GL 722)

„Mit ihm leuchten auch wir“

Verklärung des Herrn (6. August)

Anastasius vom Sinai († nach 700): Aus einer Predigt über die Verklärung des Herrn

Hier ist gut sein

Dieses Geheimnis offenbarte Jesus seinen Jüngern auf dem Berg Tabor. Als er unter ihnen weilte, sprach er zu ihnen über das Reich Gottes und sein zweites Kommen in Herrlichkeit. Da sie aber vielleicht nicht sicher genug waren über das, was er ihnen bereits vom Reich verkündigt hatte, gedachte er, sie endlich im Innersten des Herzens zu überzeugen. Um sie aus dem Erlebnis der Gegenwart zum Glauben an das Zukünftige zu führen, gewährte er ihnen auf dem Berg Tabor eine wunderbare göttliche Offenbarung als ein in die Zukunft weisendes Bild des Gottesreiches, ganz als sagte er zu ihnen: Damit in der Zwischenzeit in euch kein Unglaube hochkommt, sage ich euch gleich in der Gegenwart: „Amen, das sage ich euch: Von denen, die hier stehen, werden einige den Tod nicht erleiden, bis sie den Menschensohn in seiner königlichen Macht kommen sehen.“[1] Um zu zeigen, daß in Christus Wollen und Vermögen übereinstimmen, fügt der Evangelist hinzu: „Jesus nahm Petrus, Jakobus und dessen Bruder Johannes beiseite und führte sie auf einen hohen Berg. Und er wurde vor ihren Augen verwandelt; sein Gesicht leuchtete wie die Sonne, und seine Kleider wurden blendend weiß wie das Licht. Da erschienen plötzlich vor ihren Augen Mose und Elija und redeten mit Jesus.“[2]
Das sind die göttlichen Wunder des heutigen Festes, dies ist das heilbringende Mysterium, das für uns auf dem Berg vollendet wurde; dies ist die Festfeier und der Lobpreis Christi, der uns heute zusammengeführt hat. Um in die Tiefe dieses Mysteriums zusammen mit den Auserwählten unter den von Gott mit heiligem Geist

erfüllten Jüngern einzudringen, wollen wir die göttliche, heilige Stimme vernehmen, die uns gewissermaßen aus der Höhe, vom Gipfel des Berges her, eindringlich mahnend zusammenruft.
Dorthin wollen wir eilen – ich wage es zu sagen: wie Jesus, der uns als Führer vorausgeht, hier auf dem Berg und im Himmel. Mit ihm leuchten auch wir, erkennbar für geisterfüllte Augen. Unsere Seele ist erneuert, vergöttlicht und seinem Bild gleichgestaltet. So werden wir immer mehr der göttlichen Natur teilhaftig und für die höheren Dinge bereitgemacht. Auf den Berg wollen wir voll Zuversicht und Freude eilen und in die lichte Wolke eintreten, wie Mose und Elija, wie Jakobus und Johannes. Wie Petrus laß dich ergreifen von der göttlichen Schau und Erscheinung, laß dich verwandeln durch diese wunderbare Verklärung. Erhebe dich über die Welt, verlaß diese Erde, verlaß das Fleisch, laß die Schöpfung hinter dir und wende dich dem Schöpfer zu, zu dem Petrus, wie außer sich, spricht: „Herr, es ist gut, daß wir hier sind!“[3]
Gewiß, Petrus, es ist wirklich gut, daß wir hier mit Jesus sind und bleiben und in Ewigkeit immer sein werden. Was wäre besser und beglückender, als bei Gott zu weilen, mit ihm gleichgestaltet und im Licht zu sein? Gewiß würde jeder von uns, hätte er Gott im Herzen und wäre er nach seinem göttlichen Bild verwandelt, voll Freude ausrufen: ‚Es ist gut, daß wir hier sind!‘, wo alles Licht, wo alles Glück ist und Seligkeit und Freude, wo alles im Herzen still, heiter und friedlich ist, wo wir Christus, unseren Gott, schauen. Dort nimmt er Wohnung mit dem Vater[4], und bei seiner Ankunft spricht er: „Heute ist diesem Haus das Heil geschenkt worden“[5]; wo bei Christus alle Schätze der ewigen Güter in Fülle sind; wo die Erstlinge und Bilder aller kommenden Zeiten sich wie in einem Spiegel abzeichnen.

[1] Mt 16,28. [2] Mt 17,1–3. [3] Mt 17,4. [4] Vgl. Joh 14,23. [5] Lk 19,9.

Kommentar

Griechisch heißt das heutige Fest der Verklärung „Metamorphosis des Erlösers“. Das ist ein in doppelter Weise bedeutsamer Sprachgebrauch. Die Verklärung des Herrn wird als Metamorphose, als

Zur Abbildung: *Als der Mönch Anastasius im ausgehenden 7. Jahrhundert seine Predigt über das Fest der Verklärung schrieb, hatte er in seinem Kloster auf dem Berg Sinai das hier abgebildete Mosaik täglich vor Augen. Es ziert die Apsis der Hauptkirche. Das Kloster war damals dem Geheimnis der Verklärung geweiht. (Das Katharinenpatrozinium ist späteren Datums.) Entstanden ist es, wie Kirche und Kloster, Mitte des 6. Jahrhunderts unter Kaiser Justinian (527–565). Am Berg Sinai wurde der Gotteserscheinung im brennenden Dornbusch des Mose gedacht – bis heute zeigt das Kloster einen uralten Rosenstock; die Verklärung auf dem Berg Tabor galt als neutestamentliches Gegenstück zu dieser Offenbarung des Mose. Johannes (links) und Jakobus (rechts) kauern mit vor Schreck erhobenen Armen, wie es bei Mt 17,6 steht, Petrus, unten in der Mitte, war eingeschlafen, wie Lk 9,32 berichtet. Jesus umgibt eine Lichtwolke. Die Strahlen, die davon ausgehen, kennzeichnen sie deutlich als Lichtquelle. Elias und Moses stehen als große, ehrfurchtgebietende Personen auf derselben Höhe wie die Apostel, nicht erhöht wie Jesus. Sie bezeugen seine Erscheinung, über der das Kreuz angebracht ist. Kreuz und Verklärung sind so aufeinander bezogen. Das Ganze rahmt die Reihe der Zeugen aus alter und neuer Zeit: Apostel (oben), Evangelisten und Propheten (unten), in der Mitte David als König.*

Umwandlung verstanden. Will man nun die Vorstellung von der Erlösung, wie sie die Kirchenväter formuliert haben, auf einen kurzen Nenner bringen, so wird man entdecken, daß der Begriff der „Metamorphose“ auch hier auftaucht. Erlösung bedeutet Verwandlung. Die Kirchenväter werden nicht müde zu betonen, daß es bei der Erlösung um *unsere* Metamorphose geht.

Das Fest der Verklärung ist deshalb unser Fest! Die Verwandlung nimmt voraus, was das Ziel des gläubigen Lebens ist. Vom Erlebnis der Gegenwart wurde der Blick auf das Zukünftige gelenkt, als die Jünger auf dem Tabor Zeuge dieser Offenbarung wurden. Nicht „Apokalypse“, sondern „Theophanie“, „Gotteserscheinung“, steht dort im Text des Mönches Anastasius vom Sinai, wo Offenbarung übersetzt wurde. Christus zeigt sich als Gott, Gott offenbart sich in Christus.

Eine solch hochtheologische Formel, die sich mitunter recht abgenutzt liest, gewinnt ihre Bedeutung erst dann (zurück), wenn der Zweck dieser Offenbarung mitbedacht wird. Sie nennt und bezeichnet nämlich das Ziel zugleich des Menschen. Es geht um seine Erneuerung und dies ist nichts anderes als seine Umwandlung im Sinne der Vergöttlichung (!), der Gleichgestaltigkeit mit Gott, der Teilhabe an Gottes Natur. Wenn sich Gott in Christus offenbart, ist es also die Offenbarung der Zukunft des Menschen, der zur Göttlichkeit berufen ist.

Ein zu hohes Ziel? Dem nüchternen, modernen Menschen will es so scheinen. Religiöser Überschwang, wie er dazu gehört, um solches ins Visier zu fassen, ist ihm fremd. Und auch die Aussage, daß seine „Vergöttlichung“ bedeutet, sich über die Welt zu erheben, die Erde, das Fleisch und die Schöpfung zu verlassen, befremdet ihn. Das scheinen die weltfremden Ansichten eines Mönches von gestern zu sein.

Und doch: Läßt sich ein lockenderes Ziel formulieren als „Gott im Herzen zu haben“ und „nach seinem göttlichen Bild verwandelt zu sein“? Sich an diesem Anspruch zu reiben bedeutet vielleicht schon, einen Funken aus dem „Fest der Metamorphose“ zu schlagen.

Psalm 121 (120) (GL 752)

„Der heutige Tag werde ein gemeinsames Fest für Himmel und Erde“

Mariä Geburt (8. September)

ANDREAS VON KRETA († 740): Aus einer Rede über das Mysterium der Menschwerdung Gottes

Das Alte ist vergangen, siehe, alles ist neu geworden

„Christus ist das Ende des Gesetzes.“[1] Er führt uns vom Buchstaben des Gesetzes nicht weiter fort, als er uns zu dessen Geist hinführt. Denn das ist die Erfüllung des Gesetzes; nachdem der Gesetzgeber selbst alles zu Ende gebracht hatte, führte er vom Buchstaben hinüber zum Geist, indem er alles in sich erneuerte und nach dem Gesetz der Gnade lebte. Das eine verwarf er, das andere übernahm er in harmonischer Einordnung. Er mischte nicht das Besondere des einen mit dem des anderen, sondern er verwandelte ganz wunderbar das, was schwierig, sklavisch und erzwungen war, und machte es leicht und frei, damit wir nicht mehr unter den Elementarmächten dieser Welt wie Sklaven leben[2], wie der heilige Paulus schreibt, und damit wir nicht mehr unter dem Joch der Knechtschaft und dem Buchstaben des Gesetzes stehen.

Denn das ist der Höhepunkt der Wohltaten, die uns Christus erwiesen hat. Das ist die Offenbarung des verborgenen Geheimnisses. Das ist die Natur, die sich entäußert hat: der Gott und Mensch und die Vergöttlichung der von Gott angenommenen Menschheit. Dieses so strahlend aufscheinende Wohnen Gottes bei den Menschen mußte der Freude Eingang verschaffen, weil uns hier das große Geschenk des Heils zuteil wird. Das meint das heutige Fest, dessen Anlaß die Geburt der Gottesmutter ist, dessen Ziel und Ende jedoch die Vereinigung des Wortes mit dem Fleisch

ist. Denn eine Jungfrau wird geboren, gepflegt und herangezogen und zur Mutter geformt für Gott, den König der Ewigkeiten.
So singe und tanze also die ganze Schöpfung und trage etwas bei, was des Tages würdig ist. Der heutige Tag werde ein gemeinsames Fest für Himmel und Erde. Alles, was auf Erden ist und über der Erde, soll zusammen feiern. Heute wurde das Heiligtum für den Schöpfer des Alls errichtet. Die Schöpfung bereitete dem Schöpfer ein neues und würdiges Haus.

[1] Röm 10,4. [2] Vgl. Gal 4,9.

Kommentar

Über Maria ist im Lauf der Geschichte der Kirche schon viel gesagt worden. Nicht alles davon hatte und hat auf Dauer Bestand. Alle großen christologischen, soteriologischen und auch ekklesiologischen Probleme kann man mariologisch wenden – freilich ohne daß dies zwingend notwendig wäre. Eins bleibt dabei jedoch immer richtig: Maria war in sehr direkter Weise die „Wohnung" Gottes bei den Menschen. Die Mutter, die den Gottessohn zur Welt brachte, war in ihrer Schwangerschaft selbst das „Heiligtum" für den heiligen Gott, sein „Tempel" oder, von da aus noch konsequenter formuliert, ein Urbild der Kirche, insofern dieser aufgetragen ist, die Menschwerdung Gottes fortgesetzt real werden zu lassen.
Die Menschwerdung Gottes zu verstehen und zu deuten, war stets das größte Problem der antiken Theologie. So wundert es nicht, bei Andreas von Kreta, an der Wende von der patristischen zur byzantinischen Epoche, aus Anlaß des Geburtstags Mariens Erwägungen zur Menschwerdung zu lesen. Selbstverständlich versteht auch er dieses Fest christologisch.
Der Schöpfergott schuf in Maria selbst sein Haus – ein „neues" und „würdiges". Es war der Anfang jenes Zusammenwirkens von Gott und Mensch, das in der Menschwerdung Gottes selbst seinen Höhepunkt hatte. Weil hier die Verschränkung von Göttlichem und Menschlichem vorbereitet wurde, ist schon der Geburtstag

Zur Abbildung: *Rückseite eines Bleisiegels Kaiser Konstantins IV (668–685) mit der Darstellung Mariens als „Platytera". – Die Stelle Mariens nahm auf früheren kaiserlichen Siegelplomben die Siegesgöttin ein, die von zwei Kreuzen flankiert wurde. Diese haben sich auch zu Seiten Marias erhalten. Die Siegesgöttin trug in ihren Händen einen Lorbeerkranz oder einen Schild mit dem Bildnis des Kaisers oder eines Konsuls. Die Gottesmutter trägt ein Schild (Clipeus) mit dem Christusbild: Christus als kleiner, thronender Pantokrator. Das Schild hat in farbigen Fresko-Darstellungen der Szene eine blaue Farbe und symbolisiert die kosmische Himmelssphäre des Pantokrators. Deshalb trägt dieser Darstellungstyp der Madonna den Beinamen „Platytera", von griech.* platys *(weit): Sie trägt den, der den weiten Himmel beherrscht. Die religionsgeschichtliche Abteilung dieser Darstellung verweist allerdings auch auf Parallelen in der Darstellung Schwangerer. Sie interpretiert* platys *(weit) als „schwanger" und betont so die Mütterlichkeit dieses Typs unter den Marienbildnissen.*

Mariens „ein gemeinsames Fest für Himmel und Erde". Die „Vergöttlichung der von Gott angenommenen Menschheit" ist das künftige Ziel: Das, was „schwierig, sklavisch und erzwungen war", soll verwandelt werden, „leicht und frei", das „Gesetz" verwandelt in Gnade.
So verschaffte schon dieses Fest „der Freude Eingang". Die antike, byzantinische und mittelalterliche Theologie verstand die Liturgie als Abbild der himmlischen Feiern. Wenn, nach der Aufforderung Andreas' von Kreta, „alles, was auf Erden ist und über der Erde", aus Anlaß des Geburtstags Mariens zusammen feiern soll, dann kann dabei der Mensch erneut seinem Ziel, der Vergöttlichung, näher kommen: durch ein Stück liturgischen Himmels auf Erden. Eine für uns nicht leicht nachvollziehbare Vorstellung – aber eine von großem Tiefsinn, denn sie enthält eine Aktualisierung der Festfeier innerhalb eines umfassenden Zusammenhangs.

LOBGESANG MARIENS (Magnifikat) Lk 1,46–55 (GL 689)

„Das Kreuz ist Herrlichkeit und Erhöhung Christi“

Kreuzerhöhung (14. September)

Andreas von Kreta († 740): Aus einer Rede zum Fest Kreuzerhöhung

Das Kreuz ist Herrlichkeit und Erhöhung Christi

Wir feiern das Fest des Kreuzes, durch das die Finsternis vertrieben und das Licht wieder heraufgeführt wurde. Wir feiern das Fest des Kreuzes und werden mit dem Gekreuzigten zur Höhe emporgehoben. Wir lassen die Erde mit der Sünde unter uns, um die höhere Welt zu besitzen.

Einen so großen Besitz hat das Kreuz geschaffen, und wer ihn erhält, hat einen großen Schatz. Was von allem Schönen dem Namen und der Wirklichkeit nach das Schönste und Kostbarste ist, das nenne ich sicher mit Recht einen Schatz: in dem, durch den und auf den hin uns die ganze Summe des Heils wiederhergestellt und hinterlegt ist.

Wäre das Kreuz nicht, dann wäre Christus nicht gekreuzigt. Gäbe es das Kreuz nicht, dann wäre das Leben nicht ans Kreuz geheftet worden. Wäre das Leben nicht ans Kreuz geheftet worden, dann hätten die Quellen der Unsterblichkeit nicht aus der Seite des Gekreuzigten Blut und Wasser fließen lassen, durch welche die Welt gereinigt wird. Der Schuldschein der Sünde wäre nicht zerrissen worden[1], wir hätten die Freiheit nicht erhalten, wir hätten nicht vom Baum des Lebens gekostet, und das Paradies wäre nicht geöffnet worden. Wenn das Kreuz nicht wäre, wäre der Tod nicht besiegt und das Reich des Todes nicht seiner Macht beraubt worden.

Darum ist das Kreuz groß und kostbar. Groß ist es, weil es so viel Gutes geschaffen hat, um so mehr deswegen, weil die Wunder und

Leiden Christi im Vollsinn der Ruhm des Kreuzes sind. Kostbar ist das Kreuz, weil es das Denkmal der Leiden Gottes ist, des freiwilligen Todesleidens, das Christus an ihm erlitt. Denkmal des Sieges, weil an ihm der Teufel verwundet und mit ihm der Tod besiegt wurde. Zerschmettert wurden die Riegel der Unterwelt und das Kreuz aufgerichtet zum Heil der ganzen Welt.
Das Kreuz bezeichnet die Herrlichkeit Christi und seine Erhöhung. Es ist der ersehnte Kelch und die Vollendung der Leiden, die Christus für uns getragen hat. Es ist die Herrlichkeit Christi; denn höre, was er sagt: „Jetzt ist der Menschensohn verherrlicht, und Gott ist in ihm verherrlicht, und er wird ihn bald verherrlichen."[2] Wiederum: „Vater, verherrliche du mich jetzt bei dir mit der Herrlichkeit, die ich bei dir hatte, bevor die Welt war."[3] Und abermals: „Vater, verherrliche deinen Namen! Da kam eine Stimme vom Himmel: Ich habe ihn schon verherrlicht und werde ihn wieder verherrlichen."[4] Damit meint er die Herrlichkeit, die am Kreuz ihren Ursprung nahm. Das Kreuz ist Erhöhung Christi; vernimm, was er selber sagt: „Wenn ich über die Erde erhöht bin, werde ich alle zu mir ziehen."[5] Du siehst: das Kreuz ist Herrlichkeit und Erhöhung Christi.

[1] Vgl. Kol 2,14. [2] Joh 13,31. [3] Joh 17,5. [4] Joh 12,28. [5] Joh 12,32.

Kommentar

Der Kirchenvater, von dem dieser Text stammt, ist einer, den die Handbücher der Patrologie meist auf der letzten Seite nennen. Mitte des 8. Jahrhunderts endet die Kirchenväterzeit und wenn man so will, ist Andreas von Kreta längst schon ein byzantinischer Theologe.
Zum Fest der Kreuzerhöhung zu predigen, ist er freilich besonders kompetent, denn Andreas von Kreta war, bevor er Metropolit von Kreta wurde, Mönch im Kloster des Heiligen Grabes zu Jerusalem gewesen. Das Fest der Kreuzerhöhung aber ist im Ursprung ein Jerusalemer Fest. Seit der Einweihung der Grabeskirche unter Kaiser Konstantin im Jahre 335 wurde es gefeiert.

Gewiß wird jedem auffallen, daß das Kreuz für Andreas von Kreta eine ungemein verklärte Wirklichkeit darstellt: es ist von allem Schönen das Schönste, der Ursprung der Herrlichkeit Christi, ein großer Schatz, kostbar und wundervoll. Es hat die Finsternis vertrieben und das Licht wieder heraufgeführt. Das Kreuz – eine glanzvolle Erscheinung; gewiß auch ein „Denkmal der Leiden Gottes“, aber viel mehr noch ein „Denkmal des Sieges“ über Tod und Teufel.

Dem heutigen Menschen ist das Kreuz vertrauter als der „Galgen“, an dem der leidende Jesus hängt: das Kruzifix, an dem oft in aller Drastik der stirbt, der zum Tode verurteilt wurde. In seinem Leiden scheint er uns am nächsten; auf den Gekreuzigten schauen wir als auf eine seltsam paradox tröstende Wirklichkeit.

Nichts davon findet sich bei Andreas von Kreta. Verwunderlich ist dies nicht. Nur zögernd begann das spätantike Christentum den Gekreuzigten darzustellen. Die ältesten Darstellungen datieren nicht vor der ersten Hälfte des 5. Jahrhunderts. Der am Kreuz Verblutende paßte nicht zum herrscherlichen Bild Christi, das man sich machte. Zu sehr noch wurde das Kreuz als Galgen und Schandmal empfunden; es wirkte abstoßend wie eine Guillotine.

So kannte das Christentum zunächst nur die sog. Gemmenkreuze – große, mit prächtigen Edelsteinen, Perlen und Gemmen verzierte Kreuze ohne Korpus, wie sie sich in manchem deutschen Domschatz in Anlehnung an byzantinische Vorbilder finden (Essen, Hildesheim).

Diese strahlenden Prunkstücke alter Goldschmiedekunst stehen Andreas vor Augen, wenn er von all der Herrlichkeit des Kreuzes redet. Doch hat für ihn darüber hinaus das Kreuz noch eine andere Wirklichkeit: in Anlehnung an die Kreuzesvision Konstantins vor der Schlacht an der Milvischen Brücke ist das Kreuz eine Erscheinung, die das Licht heraufführt. Daß die von Eusebius berichtete Vision jenes Lichtkreuzes aller Wahrscheinlichkeit nach legendarisch ist, tut hier nichts zur Sache. Für Andreas von Kreta ist das Kreuz kosmisches Symbol: wir werden mit dem Kreuz zu jenem himmlischen Lichtkreuz emporgehoben, wir lassen mit ihm die Erde mit der Sünde unter uns, um die höhere Welt zu besitzen und

gleichzeitig kehren wir damit zu den Anfängen zurück: zum Paradies und zum Baum des Lebens.
Bei der Liturgie des Kreuzerhöhungsfestes, von der wir noch Reste im Kreuzerhöhungsritus der Karfreitagsliturgie mit ihren griechischen Hymnen haben, wurde das Kreuz in alle vier Himmelsrichtungen geneigt und aufgerichtet, als äußeres Zeichen des über die ganze Welt sich ausspannenden und sie erhöhenden Heiles.
Diese kosmische Symbolik des Kreuzes liegt uns heute ferner als jener Zeit. Und doch ist Erlösung nur zu denken, wenn sie als universales, alles umspannendes Ereignis gedacht wird, als etwas, das nur objektiv allumfassend und die ganze Schöpfung betreffend vorstellbar ist. Die unsere subjektive Empfindsamkeit ansprechenden Kruzifixe der westlichen Kirche lenken davon manchmal ab.

Psalm 111 (110) (GL 685)

Zur Abbildung: *In der Schatzkammer von St. Peter in Rom wird dieses Reliquienkreuz aus dem 6. Jahrhundert aufbewahrt. Kaiser Justinian stiftete es. Gemmen, Perlen und geschliffene Steine zieren das Goldkreuz, das so ganz zur Repräsentation der Herrlichkeit Christi wird. Wollte man sie darstellen, wählte man folglich wiederum die Darstellung eines solchen Kreuzes (vgl. 1. Adventssonntag, Karfreitag und Ostermontag II).*

„Die Heiligen brauchen unsere Ehren nicht“

Allerheiligen (Hochfest, 1. November)

BERNHARD VON CLAIRVAUX († 1153): Aus einer Predigt zum Fest Allerheiligen

Laßt uns hineilen zu den Brüdern, die uns erwarten

Wozu dient den Heiligen unser Lob, wozu unsere Verherrlichung, wozu dieses ganze Hochfest? Was sollen ihnen irdische Ehren, da doch der Vater im Himmel sie ehrt, wie der wahrhaftige Sohn versprochen hat? Was soll ihnen unser Lobpreis? Die Heiligen brauchen unsere Ehren nicht. Unsere Frömmigkeit gibt ihnen nichts. Offenbar steht es in unserem, nicht in ihrem Interesse, daß wir ihrer gedenken und sie ehren. Ich gestehe, daß mich starkes Verlangen erfaßt, wenn ich das bedenke.

Das aber ist das erste Verlangen, das die Gedächtnisfeier der Heiligen in uns erweckt oder verstärkt: daß wir ihre ersehnte Gemeinschaft erlangen und Mitbürger und Zeltgenossen der seligen Geister sein dürfen, daß wir uns unter die Schar der Urväter, die Reihe der Propheten, die Ratsversammlung der Apostel, das große Heer der Märtyrer, die Schar der Bekenner und die Chöre der Jungfrauen mischen dürfen, daß wir, mit allen Heiligen versammelt, an ihrer Freude Anteil gewinnen. Jene Gemeinde der Erstgeborenen[1] erwartet uns, und wir denken nicht daran. Die Heiligen verlangen nach uns, aber wir unterschätzen es. Die Gerechten warten auf uns, und wir beachten es nicht.

Brüder, wir wollen endlich aufwachen und aufstehen mit Christus, suchen, was droben ist, und den Sinn darauf richten.[2] Wir wollen nach denen verlangen, die Sehnsucht nach uns haben. Wir wollen hineilen zu denen, die uns erwarten, mit den Wünschen des Herzens wollen wir ihnen entgegeneilen, die nach uns ausschauen. Nicht nur die Gemeinschaft der Heiligen wollen wir uns wünschen, sondern auch ihr Glück. Wir verlangen nach ihrer Gegenwart, wir wollen uns auch mit glühendem Eifer um ihre Herrlichkeit bemühen. Denn das ist kein verderblicher Ehrgeiz, und es ist keineswegs gefährlich, wenn die Herrlichkeit uns bewegt.

Das zweite Verlangen, das durch das Gedächtnis der Heiligen in uns entfacht wird, ist dieses: Wie ihnen, so möge auch uns Christus, unser Leben, erscheinen und wir mit ihm in Herrlichkeit[3].

Bis dahin wird unser Haupt uns nicht so vor Augen gestellt, wie es ist, sondern wie es für uns geworden ist, nicht mit Herrlichkeit, sondern mit den Dornen unserer Sünden bekränzt. Das Glied des dornengekrönten Hauptes schäme sich, üppig zu leben. Denn für dieses Glied ist der Purpur nicht Ehre, sondern Spott. Wenn der Herr kommt und sein Tod nicht mehr verkündigt wird[4], dann werden wir uns bewußt, daß auch wir gestorben sind und daß unser Leben mit ihm in Gott verborgen ist.[5] Das Haupt wird in Herrlichkeit erscheinen, und mit ihm verherrlicht, werden die Glieder leuchten, wenn er nämlich unseren armseligen Leib verwandelt in die Gestalt des verherrlichten Hauptes, das er selbst ist[6].

Nach dieser Herrlichkeit wollen wir mit vollem und zuversichtlichem Eifer streben. Damit es uns gestattet sei, auf sie zu hoffen und nach einer so großen Seligkeit auszuschauen, müssen wir uns auch sehr dringend die Fürsprache der Heiligen wünschen, denn auf ihre Fürbitte wird uns geschenkt werden, was unsere eigene Kraft nicht zu erlangen vermag.

[1] Vgl. Hebr 12,23. [2] Vgl. Kol 3,1.2. [3] Vgl. Kol 3,4.
[4] Vgl. 1 Kor 11,26. [5] Vgl. Kol 3,3. [6] Vgl. Phil 3,21.

Kommentar

Bernhard, der Abt von Clairvaux und die beherrschende Gestalt des Zisterzienserordens bis heute, war ein Mann, der sein literarisches Schaffen als ein *stylum vibrare* bezeichnet hat: der Griffel bzw. die Feder geriet ins Schwingen und Zittern, wenn er niederschrieb, was er andere lehren wollte. Er war tief und emotional beteiligt bei

dem, was er aufs Papier bzw. Pergament brachte. Es ist das erstemal seit 800 Jahren, seit der Zeit des hl. Augustinus, daß ein lateinischer Theologe seine Leser spüren läßt und spüren lassen will, wie sehr er selbst von dem, was er sagt, persönlich berührt ist. Aus innerer Bewegung sprechend, spricht das, was Bernhard sagt, seine Hörer an, und dies begründete seine Wirkung als Autor und Prediger in einer Zeit, in der der mittelalterliche Mensch beginnt, zu sich selbst zu kommen, in der die Individualität erwacht, die das Bürgertum des Spätmittelalters prägen und aus der der Humanismus (letztlich auch die Reformation) hervorgehen sollten. Der Mensch durchdachte seine Position vor Gott neu – und somit auch vor der jenseitigen Welt.
Hier setzt der heutige Ausschnitt aus Bernhards Sermon zum Allerheiligenfest ein: „Wozu dient den Heiligen unser Lob?", lautet die Frage und die Antwort heißt, theologisch messerscharf gefolgert: Die Heiligen brauchen uns und unsere Frömmigkeit nicht. Das Allerheiligenfest ist ein Fest, das, wie der Sabbat, „für die Menschen da ist" (vgl. Mk 2,27) – nicht umgekehrt.
Es soll uns zweierlei erneut ins Gedächtnis rufen: zum einen, daß wir von der „Gemeinde der Erstgeborenen" erwartet werden. Zum anderen aber sollen wir auch den Unterschied zwischen jener Welt der Heiligen und der unsrigen neu bedenken: wir sind ja noch nicht Glieder eines Leibes, dessen Haupt, Christus, wir in seiner Herrlichkeit sähen. Alle Sehnsucht bringt diese Differenz nicht weg. Christus kann für uns jetzt „nur" derjenige sein, der sichtbar als Gekreuzigter einer der unseren war. Der Weg zur Herrlichkeit führt jedoch über die Gemeinschaft mit diesem Gekreuzigten.
Sätze des hl. Bernhard wie „Offenbar steht es in unserem, nicht im Interesse der Heiligen, daß wir ihrer gedenken und sie ehren." – „Die Heiligen verlangen nach uns, aber wir unterschätzen es." – „Das Glied des dornengekrönten Hauptes schäme sich, üppig zu leben" – solche Sätze geben auch dem modernen Menschen nach abermals fast 800 Jahren genug Stoff zum Nachdenken und zeigen für uns bestürzend die Aktualität jener aufs neue individuell werdenden Frömmigkeit des hochmittelalterlichen Mönches.

Psalm 34 (33) (GL 723)

Zur Abbildung: *Zwar gibt es in einem Codex der Oxforder Universitätsbibliothek ein zeitgenössisches Bild des hl. Bernhard, portraithafte Eigenschaften hat das Bild, Teil eines großen Initialbuchstabens, nicht. Auch vom ältesten hier abgebildeten Tafelbild (es befindet sich auf Mallorca) wird man dies nicht behaupten können. Es stammt vom Ende des 13. Jahrhunderts und steht in der Tradition jener ersten Bilder des hl. Bernhard in der Buchmalerei. Nicht den Abt stellt es dar, sondern den gelehrten Mönch beim Schreiben. Die karge Gebirgslandschaft weist auf die asketische Lebensweise des Zisterziensers hin, den auch die helle Kukulle aus ungefärbter Wolle ausweist.*

„Wir sollen den Tod nicht fliehen“

Allerseelen (2. November)

AMBROSIUS († 397): Aus dem Buch „Über den Tod seines Bruders Satyrus“

Laßt uns mit Christus sterben, um mit ihm aufzuerstehen

Paulus sagt: „Für mich ist Christus das Leben, und Sterben Gewinn“.[1] Was bedeutet Christus, wenn nicht Tod des Leibes und Geist des Lebens? Darum laßt uns mit ihm sterben, um mit ihm zu leben! Täglich sei uns das Leben Umgang mit dem Tod und Liebe zu ihm. Durch diese Loslösung lerne unsere Seele, sich aus den leiblichen Begierden zurückzuziehen, als wäre sie auf eine Höhe versetzt, wohin irdische Gelüste nicht gelangen und an ihr haften können.

Durch den Tod des einen ist die Welt erlöst. Christus brauchte nicht zu sterben, wenn er nicht gewollt hätte. Auch gedachte er den Tod nicht zu verjagen, als tauge er nichts. Besser hätte er uns nicht retten können als durch sein Sterben. So ist sein Tod das Leben aller. Von seinem Tod sind wir geprägt, seinen Tod verkünden wir im Gebet, ihn predigen wir beim Opfer; sein Tod ist Sieg, sein Tod ist Mysterium und das (Neu-)Jahrsfest der Welt.

Was sollen wir sonst noch von seinem Tod sagen, da uns das göttliche Beispiel beweist, daß der Tod nur die Unsterblichkeit gesucht hat und daß er sich selbst losgekauft hat. Daher sollen wir den Tod nicht beklagen, da er doch die Ursache des allgemeinen Heils ist. Wir sollen den Tod nicht fliehen, denn der Sohn Gottes hat ihn nicht verschmäht und geflohen.

Der Tod sitzt nicht in der Natur, sondern ist über die Natur gekommen. Gott hat den Tod nicht von Anfang an eingeführt, sondern ihn als Heilmittel gegeben. Denn wegen der Übertretungen verurteilt, begann das Leben der Menschen in täglicher Arbeit und unerträglichem Stöhnen unglücklich zu werden. Die Leiden mußten beendet werden, und der Tod mußte wiederherstellen, was das Leben verloren hatte. Die Unsterblichkeit ist eher eine Last als ein Vorzug, wenn die Gnade nicht weht.

Der Geist hat die Möglichkeit, sich aus diesen Windungen des Lebens und dem Wirrwarr des Leibes zu lösen und der Versammlung im Himmel entgegenzueilen, wenn auch nur Heilige dahin gelangen können. Der Geist hat die Möglichkeit, Gott zu loben, wie jene Zitherspieler, von denen wir aus der prophetischen Lesung erfahren: „Groß und wunderbar sind deine Taten, Herr, Gott und Herrscher über die ganze Schöpfung. Gerecht und zuverlässig sind deine Wege, du König der Völker. Wer wird dich nicht fürchten, Herr, wer wird deinen Namen nicht preisen? Denn du allein bist heilig: Alle Völker kommen und beten dich an".[2] Der Geist wird deine Hochzeit schauen dürfen, Jesus, wenn die Braut unter den Freudengesängen aller Geschöpfe von der Erde zum Himmel geleitet wird – „alle Menschen kommen zu dir"[3] – sie ist nicht mehr der Welt verhaftet, sondern dem Geist vermählt.

[1] Phil 1,21. [2] Offb 15,3.4. [3] Ps 65,3.

Kommentar

Mehrfach in seinem Leben hat Ambrosius, der große Bischof Mailands (geb. um 340 in Trier, † 397), Leichenreden gehalten; wie es dem antiken Brauch entsprach, trat bei der Beerdigung oder am 40. Tage nach dem Tod ein Redner auf, der die Aufgabe hatte, den Toten zu loben, sein Dahinscheiden zu beklagen und die Hinterbliebenen zu trösten. Als 392 Kaiser Valentinians sterbliche Überreste nach Mailand überführt wurden und 395 Kaiser Theodosius starb, verpflichtete man den angesehenen Bischof der Residenzstadt Mailand als Trauerredner. Sein rhetorisches Talent war hinlänglich bekannt. Auch im Jahre 375 oder 378, als sein Bruder Satyrus gestorben war, hatte er es, wie schon oft als Prediger von der bischöflichen Kathedra aus, unter Beweis gestellt. Damals war Ambrosius erst seit kurzer Zeit Bischof (getauft und geweiht wurde er 373 oder 374). Satyrus war der ältere Bruder des Ambrosius, der die Verwaltung des Familienvermögens übernommen hatte, als Ambrosius Bischof wurde. In seinem Auftrag war er nach Nordafrika unterwegs gewesen, um Schulden einzutreiben und hatte auf der Rückreise Schiffbruch erlitten. Nach der Rettung hatte er sich taufen lassen, sich aber von den körperlichen Strapazen der Havarie wohl nicht mehr richtig erholt. Daß sein Bruder ihn geliebt hat, merkt man der Leichenrede an, die er an seiner Totenbahre hielt; daß er in späterer Zeit auch als Heiliger verehrt wurde, verdankt er aber neben dieser Rede sicherlich der Verwandtschaft mit ihm, denn es gibt bei großen Heiligen – und als solcher ist der Bischof Ambrosius immer angesehen worden – innerhalb der Kirchengeschichte die Tendenz, auch nahe Verwandte als heilig zu betrachten („Geblütsheiligkeit").

Von diesem biographischen Kontext ist freilich in der kleinen Auswahl, die hier aus der langen Rede getroffen wurde, nicht viel zu spüren. Die Redaktoren haben eine Quintessenz der ambrosianischen Theologie des Todes zusammengestellt. Wer dabei nun genau hinschaut, wird entdecken, daß sich Ambrosius' theologische Argumentation auf zwei Ebenen bewegt: Der Tod, so führt er an der Bahre des Bruders aus, ist ein Gut! Unsterblichkeit in dieser Welt, so wie sie ist, wäre doch eine unerträgliche Bürde! Deshalb ist der Tod, wenn wir es richtig sehen, Befreiung. Man muß deshalb nicht über ihn klagen. Diesem ersten Gedanken konnten seinerzeit und werden auch heute viele Nicht-Christen zustimmen.

Ambrosius entfaltet auf dieser Basis seine theologischen Überlegungen. Christus kam nicht in die Welt, um diesen Tod, der ja gut ist, zu verjagen. Er wollte ihn umwandeln, ihm eine neue Dimension geben: nicht nur als Befreiung von unerträglicher Last soll der Tod betrachtet, sondern als „Heilmittel" erkannt werden. Ambrosius sieht den Tod pädagogisch; er empfiehlt, sich mit dem Tod als Heil- und Hilfsmittel (remedium) täglich zu beschäftigen, ja ihn sogar zu lieben! Denn so kann er dazu anleiten zu begreifen, was an anderer Stelle der Totenrede der mystische oder spirituelle Tod heißt: vom Tode, der am Ende des Lebens die Loslösung der Seele vom Leib erzwingt, kann man lernen, daß man völlig richtig auf der geraden Entwicklungslinie des Lebens liegt, wenn man sich auch schon zuvor um die Loslösung von den leiblichen Begierden

Zur Abbildung: *Ambrosius nach dem Mosaik des 5. Jahrhunderts in der Kapelle S. Vittore in Ciel d'oro bzw. S. Satiro. Diese Kapelle ist ein Anbau der Ambrosius-Basilika in Mailand, und hier ist auch Satyrus bestattet. Das Mosaik ist die älteste Darstellung des Ambrosius. Die Bischofstracht der damaligen Zeit bestand aus einer Dalmatik mit weiten Ärmeln und Zierstreifen sowie einem Hals- bzw. Schultertuch. Über die Schultern geworfen wurde ein* paenula *genannter Mantel, der wie bei einer Toga eine Schulter freiließ und den rechten Arm ganz verhüllte. Die* paenula *des Ambrosius ist purpurn, was seinen hohen Rang als Bischof einer kaiserlichen Residenzstadt betont. Über der Brust wird dieser Mantel von einer Schließe gehalten. Sie hat Kreuzform und ist damit der erste Beleg für das Bischofskreuz.*

bemüht. Die Seele und der Geist werden dann freier. Hier spricht sich natürlich die asketische Grundtendenz des spätantiken Christentums bei Ambrosius aus, die im 20. Jahrhundert mit seiner ganz anderen Wertschätzung der Körperlichkeit des Menschen immer schwieriger verstehbar wird.

Doch wozu soll sich der Geist aus den „Windungen des Lebens" und dem „Wirrwarr des Leibes" lösen? Weil der dann freie Geist viel intensiver in der Lage ist, Gott zu loben. Ob dieses Ziel nur durch Askese zu erreichen ist? Ambrosius lenkt so jedenfalls in seiner Trauerrede die Gedanken über die Totenbahre hinweg auf das Leben der Zuhörer, auf die Frage hin: hat der Tod Konsequenzen für das Leben?

Daß das Christentum mit der Beschwörung des Todes die Lebenden „erpressen" wolle, ist oft und oft gesagt worden. Gleichzeitig ist festzustellen, daß der Tod in unserer Gesellschaft ein Tabu-Thema geworden ist. Wenn das Stundenbuch in seiner Lesung am Gedächtnistag aller Verstorbenen uns durch den Mund des Ambrosius die Frage stellt, was der Tod, heute weitgehend „verdrängt", mit unserem Leben zu tun haben könnte, dann steht damit zur Debatte, ob uns all diese Toten, derer an diesem Tag gedacht wird und zu deren ungezählter Schar neben Satyrus auch längst Ambrosius gehört, ob sie uns irgend etwas zu sagen haben.

Daß wir mit allen Toten, deren Zahl die der Lebenden übersteigt, vor Gott eine Gemeinschaft bilden werden, dieser Gedanke kann durchaus das Lebensgefühl verändern. Denn die darin enthaltene Vorstellung von einem „Leben nach dem Tod" nimmt im „Leben vor dem Tod" das grausame Gefühl fort, daß es mit naturgesetzlicher Notwendigkeit dem Werden und Vergehen unterworfen ist – und nichts sonst. So ist im Umgang mit dem Tod in der Tat die Dimension der „Lebensqualität" verborgen.

Psalm 49 (48) (GL 728)

„Das Reich Gottes in uns“

Christkönigssonntag I (Hochfest)

ORIGENES († 253/254): Aus dem Buch „Über das Gebet“

Dein Reich komme

Unser Herr sagt: ‚Das Reich Gottes kommt nicht so, daß man es an äußeren Zeichen erkennen könnte. Man kann auch nicht sagen: Seht, hier ist es!, Oder: Dort ist es! Denn das Reich Gottes ist in uns.‘[1] Ferner: „das Wort ist ganz nah bei dir, es ist in deinem Mund und in deinem Herzen“[2]. Wer daher um das Kommen des Gottesreiches betet, der bittet zweifellos darum, daß das Reich Gottes in ihm aufgeht, Frucht bringt und vollendet wird. Jeder Heilige wird ja von Gott, dem König, beherrscht und gehorcht den vom Geist erfüllten Gesetzen Gottes, der in ihm wohnt wie in einer wohlgeordneten Stadt. Der Vater ist bei ihm, und mit dem Vater regiert Christus in der vollkommenen Seele nach dem Wort: „Wir werden zu ihm kommen und bei ihm wohnen.“[3]

Wenn wir also das Reich Gottes in uns haben und im Reiche Gottes unablässig wachsen, dann steht uns die höchste Vollendung bevor: Das Wort des Apostels wird sich erfüllen, daß Christus, wenn ihm alle Feinde zu Füßen gelegt sind, „seine Herrschaft Gott, dem Vater, übergibt, damit Gott herrscht über alles und in allem“[4]. Darum beten wir unablässig in derselben Gesinnung, die dem göttlichen Wort zu eigen ist, und rufen zu unserem Vater im Himmel: „Dein Name werde geheiligt, dein Reich komme.“[5]

Wenn wir also wollen, daß Gott König über uns ist, dann soll niemals die Sünde in unserem sterblichen Leib herrschen[6]. Laßt uns töten, was in uns irdisch ist[7], und Früchte des Geistes bringen, damit der Herr mit uns wie in einem Paradies des Geistes verkehrt, daß er allein in uns herrscht mit seinem Christus, der zur Rechten der Kraft des Geistes sitzt, um die wir beten, bis alle seine Feinde in

uns ihm zu Füßen gelegt sind und jede Macht, Gewalt und Kraft in uns vernichtet ist[8].
Das kann in jedem von uns geschehen, und in jedem von uns kann als letzter Feind der Tod vernichtet werden[9], so daß Christus auch in uns spricht: „Tod, wo ist dein Sieg? Tod, wo ist dein Stachel?"[10]

[1] Vgl. Lk 17,20.21. [2] Dtn 30,14. [3] Joh 14,23. [4] 1 Kor 15,24.28.
[5] Mt 6,9.10. [6] Vgl. Röm 6,12. [7] Vgl. Kol 3,5. [8] Vgl. 1 Kor 15,24.
[9] Vgl. 1 Kor 15,26. [10] 1 Kor 15,55.

Kommentar

Das Buch „Über das Gebet", von Origenes im Alter von etwa fünfzig Jahren in Caesarea, der damaligen Hauptstadt Palästinas, verfaßt, enthält sowohl eine allgemeine Lehre vom Gebet als auch eine Erklärung *des* Gebetes, des „Vaterunsers". Schon die Alte Kirche faßte es als *breviarium totius evangelii* (ein Brevier des ganzen Evangeliums: Tertullian) und *coelestis doctrinae compendium* (Kompendium der himmlischen Lehre: Cyprian) auf. Es wurde mehrfach ausführlich kommentiert.
Origenes geht im hier ausgewählten Abschnitt auf die beiden ersten Bitten näher ein: „Dein Name werde geheiligt, dein Reich komme" (Mt 6,9f). Doch was er dazu sagt, wird erst recht verständlich, wenn man weiß, wie er über das Gebet allgemein denkt.
Origenes ist derjenige, durch dessen Arbeit das Christentum in seiner Geschichte zum ersten Male in einem umfassenden Sinne intellektuell respektabel wurde. Die Intellektuellen hatten es nicht zu allen Zeiten einfach in der Kirche.* Origenes verlangte von seinen damaligen Lesern einiges und fordert auch seinen heutigen einiges ab.
Die Vorstellung, daß das Reich Gottes *in uns* sein kann, ist sicher zunächst einmal etwas Fremdes, vielleicht auch Bestürzendes. Wer kann sich ihm stellen?
Verständlich wird das Ganze erst auf dem Hintergrund des Menschenbildes und der Gebetslehre des Origenes. Für ihn ereignet sich die Begegnung des Menschen mit Gott in der „Vernunft", einer Vernunft, die freilich mehr ist als der analysierende, rationale

Zur Abbildung: *„Um aber das Problem des Gebets zu erschöpfen, scheint es mir hiernach am Platze zu sein, zur weiteren Einführung über die Stimmung und die Haltung, die der Betende haben muß, zu handeln ... (Man) darf nicht daran zweifeln, daß von den zahllosen Stellungen des Körpers die Stellung mit ausgestreckten Händen und emporgerichteten Augen allen (anderen) vorzuziehen ist, da man dann gleichsam das Abbild der besonderen Beschaffenheit, die der Seele während des Gebetes geziemt, auch am Körper trägt" (Origenes, Über das Gebet, 31,1f).*
Das Katakombenfresko zeigt eine Frau in dieser Haltung des Gebets, die heute nurmehr vom Gebet des Priesters bei der Meßfeier bekannt ist. Es stellt sich die Frage, ob dies nicht eine gestische Verarmung darstellt, vielleicht auch eine theologische.

Verstand, der „vernünftig“ denkt und handelt. „Vernunft“ ist für Origenes der obere Teil der Seele, der Sitz der Personalität des Menschen, das Organ der Kontemplation. Dieses Organ kann er zu Gott erheben. Es ist der geistige Teil des Menschen, der am meisten Gott ebenbildlich ist. Hier ist der Ort, wo er mit Gott in Kontakt tritt, wo Gott im Menschen präsent wird.
Voraussetzung für diese Erhebung ist allerdings, daß die geistige Seite des Menschen zunächst allen Ballast abwirft. Und dies geschieht dadurch, daß sie alles erlittene Böse verzeiht, sich durch Versöhnung entkrampft und entspannt und alles erlittene Unrecht wirklich vergißt. Vergessend und verzeihend erleichtert sich die Seele, „damit der Herr mit uns wie in einem Paradies des Geistes verkehrt“.
Die Bitte um das Kommen des Reiches Gottes sieht Origenes also im Lichte der Innerlichkeit: „Wer daher um das Kommen des Gottesreiches betet, der bittet zweifellos darum, daß das Reich Gottes in ihm aufgeht, Frucht bringt und vollendet wird.“ Dies ist oft im Sinne einer exstatischen mystischen Vereinigung mißverstanden worden. Indes ist Origenes kein spätmittelalterlicher Mystiker. Über die „Vernunft, das Tor der Seele für Gott“, verfügt *jeder* Mensch. Jeder kann es öffnen, wenn auch nicht ohne Voraussetzungen. Es bleibt dann aber nicht beim Innerlichen. Gebet und Leben müssen und werden schließlich übereinstimmen.

* Kenner der Theologiegeschichte werden sich sicher wundern, einen Text des Origenes unter den liturgischen Lesungen zu finden. Er war lange Zeit eine umstrittene Gestalt und bis heute werfen seine Ansichten zur Eschatologie Fragen auf. Doch billigte die Glaubenskongregation 1970 auch Lesungen aus Werken, deren Orthodoxie feststeht, ohne daß ihr Verfasser zeitlebens im Sinne einer (oftmals späteren) Dogmatik rechtgläubig war.

PSALM 65 (64) (GL 731)

„Sein Reich hat eingesätes Unkraut“

Christkönigssonntag II (Hochfest)

Augustinus († 430): Aus einer Auslegung zum Johannesevangelium

Meine Königsherrschaft ist nicht von dieser Welt

Was Pilatus zu Christus gesagt, und was dieser dem Pilatus geantwortet hat, soll in dieser Rede betrachtet und behandelt werden. Als nämlich den Juden gesagt worden war: „Nehmet ihr ihn und richtet ihn nach eurem Gesetze“, und diese geantwortet hatten: „Es ist uns nicht erlaubt, jemand zu töten“, „ging Pilatus wieder in das Gerichtshaus hinein, rief Jesus und sprach zu ihm: Bist du der König der Juden? Und Jesus antwortete: Sagst du das von dir selbst, oder haben es dir andere von mir gesagt?“[1] Ohne Zweifel wußte der Herr sowohl das, um was er selbst fragte, als auch das, was jener antworten würde, aber doch sollte es gesagt werden, nicht damit er es kennenlernen möchte, sondern damit aufgeschrieben würde, was wir wissen sollten. „Pilatus antwortete: Bin ich etwa ein Jude? Dein Volk und die Hohenpriester haben dich mir überantwortet; was hast du getan? Jesus antwortete: Mein Reich ist nicht von dieser Welt. Wenn mein Reich von dieser Welt wäre, so würden meine Diener kämpfen, damit ich den Juden nicht überantwortet würde; nun aber ist mein Reich nicht von hier.“[2] Das ist es, was wir nach der Absicht des guten Meisters wissen sollten:
Hört, ihr Heiden und Juden, hört es, all ihr irdischen Reiche: Ich bin eurer Herrschaft in der Welt nicht im Weg. „Meine Königsherrschaft ist nicht von dieser Welt.“[3] Fürchtet euch nicht wie Herodes der Ältere, der bei der Nachricht von der Geburt Christi erschrak und sogleich Kinder umbringen ließ, um das eine Kind zu packen. Er tat es mehr aus Furcht als aus Zorn und Grausamkeit. „Meine

Königsherrschaft ist nicht von dieser Welt." Was wollt ihr mehr? Kommt in das Reich, das nicht von dieser Welt ist. Kommt im Glauben, statt in Furcht zu wüten. Beim Propheten spricht der Vater: „Ich selber habe meinen König eingesetzt auf Zion, meinem heiligen Berg."[4] Aber dieser Zion und dieser heilige Berg sind nicht von dieser Welt. Sein Reich sind die Glaubenden, zu denen er spricht: „Ihr seid nicht von dieser Welt, wie auch ich nicht von dieser Welt bin."[5] Er wollte, daß sie in dieser Welt bleiben, und betete zum Vater: „Ich bitte nicht, daß du sie aus dieser Welt nimmst, sondern daß du sie vor dem Bösen bewahrst."[6] Darum sagt er auch hier nicht: Meine Königsherrschaft ist nicht *in* dieser Welt, sondern: Sie ist nicht *von* dieser Welt. Zum Beweis fügt er hinzu: „Wenn meine Königsherrschaft von dieser Welt wäre, hätten meine Diener gekämpft, damit ich den Juden nicht ausgeliefert würde." Dann fährt er fort: „Aber meine Königsherrschaft ist nicht *von* hier", wieder nicht: „Sie ist nicht hier." Hier ist nämlich sein Reich bis zum Ende der Welt, und es hat eingesätes Unkraut bis zur Ernte; die Ernte ist das Ende der Welt, wenn die Schnitter kommen, das heißt die Engel, und aus seinem Reich alle Ärgernisse sammeln. Es geschähe nicht, wenn seine Königsherrschaft nicht hier wäre. Aber sie ist doch nicht von hier, weil wir in dieser Welt nur auf dem Wege sind. Zu seinem Reich spricht der Herr: „Ihr seid nicht von dieser Welt, sondern ich habe euch aus dieser Welt erwählt."[7]

[1] Vgl. Joh 18,31.33.34. [2] Vgl. Joh 18,35.36. [3] Vgl. Joh 18,36.
[4] Ps 2,6. [5] Vgl. Joh 17,16. [6] Vgl. Joh 17,15. [7] Vgl. Joh 15,19.

Kommentar

Die Traktate zum Johannesevangelium sind zeitlich parallel zu Augustins großem Hauptwerk „Über den Gottesstaat" entstanden. Da kann es nicht wundern, wenn hier, bei der Auslegung von Joh 18,36 („Mein Königtum ist nicht von dieser Welt"), zentrale Gedanken eine Rolle spielen, die in *De civitate Dei* wiederkehren und dort ausführlicher entfaltet sind.

Hier wie dort geht es um den Charakter und die Rolle der Gottesgemeinde in der Welt, um die *civitas*, in der sich die Herrschaft Christi entfaltet. Die Redeweise von der „Stadt“ Gottes bezog Augustinus nach eigenen Angaben aus den Psalmen (Ps 46,5f; 48,9; 87,3: vgl. De civ. Dei XI 1). *Civitas* statt mit „Stadt“ durch „Staat“ zu übersetzen, ist zwar gute Tradition im Gefolge der mittelalterlichen Auslegung von Augustins Hauptwerk, führt aber begrifflich in die Enge. Im Griechischen entspricht der *civitas* die *polis*, die Bürgergemeinde der antiken Stadt, eine Rechts- aber auch eine Kultgemeinschaft, denn Politik und Religion waren im Altertum stets eng verbunden und fanden ihren Ausdruck in der „politischen Theologie“ (die von der „mythischen“ und der „natürlichen“ Theologie unterschieden wurde). Auf Grund dieser Verschränkung ist von vornherein klar, daß die *civitas Dei* nicht rein Innerliches sein kann. Sie muß eine äußerlich wirksame Gestalt haben, sie muß öffentlich wahrnehmbar, politisch sein.

Weit gefehlt wäre es aber nun anzunehmen, Augustinus hätte von da aus die Staatskirche seiner Zeit schlechthin mit dem identifiziert, was er mit *civitas Dei*, Gottes Gemeinwesen, meinte. Einerseits wurde Augustins Distanz zum Staat größer, als 410 die Westgoten Rom während dreier Tage geplündert hatten; da wurde denkbar, daß der römische Staat vielleicht doch nicht „der Weisheit letzter Schluß“ sei, der ewig Bestand haben werde. Andererseits hat er die *civitas Dei* von Anfang an in metaphysischen und eschatologischen Kategorien gedacht: ihre volle Wirklichkeit ist jenseitig und zukünftig. Deshalb heißt es, Gottes Gemeinwesen ist zwar *in* dieser Welt, aber nicht *von* dieser Welt (non *de* mundo). Dies ist der Grund dafür, warum es nicht völlig eindeutig zu identifizieren ist.

Eine solche Gedankenführung birgt einen doppelten Vorbehalt in sich. Einerseits: die sichtbare Kirche ist (längst noch) nicht das wahre Gemeinwesen Gottes. Andererseits: mit diesem Gemeinwesen ist kein irdischer Staat zu machen. Angewendet auf den Herrscher dieses Gemeinwesens heißt das: Sein Königtum ist nicht von dieser Welt. „Ich bin eurer Herrschaft nicht im Weg.“ Zwar ist er *in* der Welt mächtig, jedoch nicht in einer völlig eindeutigen Weise. In seinem Reich läßt er nach dem Gleichnis aus Mt 13,24–30;

36–43 Weizen *und* Unkraut wachsen. Es ist nicht genau auszumachen.

Daß die *civitas Dei* bei Augustinus nicht recht zu „fassen" ist, hat viele Interpreten immer wieder irritiert und bis in die jüngste Zeit ist ihm daraus auch häufig ein Vorwurf gemacht worden. Gleichwohl findet sich für Augustins Lehre der Ausgangspunkt in der johanneischen Theologie, wo zwischen dem Reich der Wahrheit und des Lichts, dem Reich des Geistes, und dem der Lüge und Finsternis, dem Reich des Fleisches, deutlich unterschieden wird. In das Reich des Geistes kommt man nach Johannes durch den Glauben: „Amen, amen, ich sage euch: Wer mein Wort hört und dem glaubt, der mich gesandt hat, hat das ewige Leben; er kommt nicht ins Gericht, sondern ist aus dem Tod ins Leben hinübergegangen" (Joh 5,24). Auch Augustinus schreibt: „Kommt in das Reich, das nicht von dieser Welt ist. Kommt im Glauben." Der Glaube ist also jene Grenzstation, wo der Übertritt in den Gottesstaat möglich ist. Wen wundert's, der auf seinen eigenen kleinen Glauben schaut, daß das Terrain dieses Staates nicht und niemals genau abzugrenzen ist? Dies heißt aber keineswegs, daß die von diesem Gemeinwesen ausgehenden Wirkungen unmerklich bleiben. Im Gegenteil. Vielleicht liegt darin das Geheimnis seiner Wirksamkeit durch die Jahrhunderte: daß der Ausgangspunkt unfaßbar bleibt.

Psalm 2 (GL 709)

Zur Abbildung: *Im Jahre 1945 fanden Mitglieder der Gemeindejugend beim Ausbau eines Spielfeldes nahe der Kirche Santa Aurea in Ostia, der alten römischen Hafenstadt, zufällig Bruchstücke der Grabinschrift für Augustins Mutter Monica. 387 ist sie dort, wie allgemein bekannt, gestorben, noch bevor sie mit ihrem Sohn nach Afrika zurückkehren konnte. Die sprachlich sehr elegante Grabinschrift ist nicht von Augustinus gesetzt worden, sondern erst später, als er schon Bischof war (nach 391), von seinen römischen Freunden und Bewunderern – und richtet sich an ihn!*

Die gefundenen Fragmente passen genau zu mittelalterlichen Abschriften der Inschrift (9.–11. Jh.), so daß der vollständige Text heute feststeht (Großbuchstaben geben den Befund, Kleinbuchstaben die Ergänzung wieder):

HIC POSVIT CINEres genitrix castissima prolis
AVGVSTINE TVIs altera lux meritis
QVI SERVANS PAcis caelestia iura sacerdos
COMMISSIOS POpulos moribus instituis
GLORIA VOS Maior gestorum laude coronat
VIRTVTVM Mater felicior subole

(Hierhin hat ihre Überreste gebettet die allerfrömmste Sohnesmutter / um weiteres Licht auf Deine Verdienste, Augustinus, zu werfen / der Du, als Priester den himmlischen Friedensvorschriften dienend / das Dir überantwortete Volk im rechten Verhalten unterweist / Es kröne Euch die Tugendehre, die größer ist als Tatenlob / Mutter und noch gesegneterer Sohn!)

Die Inschrift war ursprünglich insgesamt 2,20 m breit und ist 56 cm hoch. Unter ihr befand sich eine mit Ziegeln bedeckte Terracottakiste: kein vornehmes Grab, aber auch nicht die einfachste Ausführung.

Verzeichnis der Lesungen

Die Texte sind nach den Ausgaben verzeichnet, auf die das Lektionar zum Stundenbuch verweist. In eckigen Klammern ist zusätzlich, soweit vorliegend, eine deutsche Übersetzung des gesamten Textes angegeben.

1. Adventssonntag	II Cyrill von Jerusalem, Catechesis 15, 1–3 (PG 33, 870/6) [BKV^{2} 41, Ph. Häuser, München/Kempten 1942, 16/360]
8. 12.: Hochfest der ohne Erbsünde empfangenen Jungfrau und Gottesmutter Maria	Anselm von Canterbury, Oratio 7 ad Sanctam Mariam pro impetando eius et Christi amore (Opera omnia 3, ed. F. S. Schmitt, Stuttgart–Bad Cannstatt ^{2}1968, 20/1) [Anselm v. C., Gebete, L. Helbling (Sigillum 24) Einsiedeln 1965, 35/44]
25. 12.: Hochfest der Geburt des Herrn (1. Weihnachtstag)	Leo der Große, Sermo XXI, in Nativitate Domini 1, 1–3 (CCL 138, 85/89 A. Chavasse) [BKV^{2} 54, Th. Steeger, München/Kempten 1927, 75/8]
1. 1.: Hochfest der Gottesmutter Maria	Athanasius, Epistula ad Epictetum 5–9 (PG 26, 1058/65) [BKV^{2} 13, J. Lippl, München/Kempten 1913, 504/17]
6. 1.: Hochfest der Erscheinung des Herrn (Epiphanie – Hll. Drei Könige)	Leo der Große, Sermo XXXIII, in Epiphania Domini 3, 1–3.5 (CCL 138, 170/7 A. Chavasse) [BKV^{2} 54, Th. Steeger, München/Kempten 1927, 153/9]
2. 2.: Fest der Darstellung des Herrn (Lichtmeß)	Sophronius von Jerusalem, Oratio 3, de Hypapante 2, 6–7 (PG 87,3, 3291/3)
Aschermittwoch	I Clemens von Rom, Epistola ad Corinthios 7,4–8,3; 8,5–9,1; 13,1–4; 19,2 (Funk 1, 71/3; 77/9; 87) [J. A. Fischer, Die apostolischen Väter, ^{9}Darmstadt 1986, 24/107]
	II Leo der Große, Sermo 44, de Quadragesima 6, 1–2 (CCL 138 A, 258/61 A.Chavasse) [BKV^{2} 55, Th. Steeger, München/Kempten 1927, 31/5]
19. 3.: Hochfest des Hl. Josef	Bernhardin von Siena, Sermo 2, in vigilia nativitatis Domini: De sancto Joseph (Opera omnia VII, Quaracchi 1959, 16; 27/30)
25. 3.: Hochfest der Verkündigung des Herrn	Leo der Große, Epistula 28, ad Flavianum 3–4 (PL 54, 763/71; ACO II 1,1, 27f E. Schwartz) [BKV^{1} 4, S. Wenzlowsky, Kempten 1878, 193/210]

Palmsonntag	I Andreas von Kreta, Oratio in ramos palmarum 9 (PG 97, 990/4) II Augustinus, Tractatus in Ioannis Evangelium 51, 2–5 (CCL 36, 440/1 A. Mayer) [BKV^2 11, Th. Specht, München/Kempten 1913, 339/48]
Gründonnerstag	I Meliton von Sardes, Homilia in Pascha 65–71 (SCh 123, 94/100 O. Perler) [Meliton v. S., Vom Passa, J. Blank (Sophia 3) Freiburg i. Br. 1963, 101/131] II Ephräm der Syrer, Hymnus de resurrectione III, 3–14 (CSCO 248 = Syri 108, 50/3 E. Beck) [Ephräm d. S., Lobgesang aus der Wüste, E. Beck (Sophia 7) Freiburg 1967, 50/2]
Karfreitag	I Johannes Chrysostomus, Catechesis 3, 13–19 (SCh 50,174/7 A. Wegner) II Leo der Große, Sermo 47, de passione Domini 1 (CCL 138 A, 274/6, A. Chavasse) [BKV^2 55, Th. Steeger, München/Kempten 1927, 47/53]
Karsamstag	I Ps.-Epiphanius, Antiqua Homilia in sancto et magno Sabbato (PG 43, 439; 451; 462/3) [H. de Lubac, Glauben aus der Liebe. „Catholicisme", Einsiedeln 1970, 383/9] II Meliton von Sardes, Homilia in Pascha 100–104 (SCh 123, 120/5 O. Perler) [a.O., 101/31]
Ostermontag	I Meliton von Sardes, ebd. 2–7; 100–103 (SCh 123, 60/4;120/2) [a.O., 101/31] II Augustinus, Sermo 256, in diebus Paschalibus 1; 3 (PL 38, 1190/1; 1192/3)
Christi Himmelfahrt	I Augustinus, Sermo de Ascensione Domini, Mai 98, 1–2 (PLS 2, 494/6) II Leo der Große, Tractatus 74, de Ascensione Domini 4f (CCL 138 A, 458/9 A. Chavasse) [BKV^2 55, Th. Steeger, München/Kempten 1927, 207/12]
Vom Freitag der 7. Woche der Osterzeit bis Pfingsten	II Ders., Tractatus 76, de Pentecosten – die Dominica, 2–3; 3–4;4–5; 8 (CCL 138 A, 473/9; 484/5 A. Chavasse) [BKV^2 55, Th. Steeger, München/ Kempten 1927, 218/26]
Pfingsten	I Irenäus von Lyon, Adversus haereses III 17, 1–3 (SCh 34, 302/6 F. Sagnard) [BKV^2 3, E. Klebba, München/Kempten 1912, 282/6]

Dreifaltigkeitssonntag (1. Sonntag nach Pfingsten)	Athanasius, Epistula 1, ad Serapionem 28–30 (PG 26, 594/9) [BKV2 13, J. Lippl, München/ Kempten 1913, 392/451]
Fronleichnam	Thomas von Aquin, Opusculum 37: Officium de festo corporis Christi ad mandatum Urbani Papae IV dictum festum instituantis, lectio 1–4 (Opuscula omnia IV, Paris 1927, 465f P. Mandonnet)
Hochfest „Herz Jesu" (Freitag der 3. Woche nach Pfingsten)	Bonaventura, Opusculum 3 „Lignum vitae" 29–30; 47 (Opera omnia 8, ed. A. Lauer, Quaracchi 1898, 79; 85) [Der Lebensbaum. Kolloquium des Heiligen Bonaventura, A. Aswerus, Zürich/Paderborn 1963]
24. 6.: Hochfest der Geburt des Hl. Johannes des Täufers	Augustinus, Sermo 293, in natali Ioannis Baptistae 1–3 (PL 38, 1327/9)
29. 6.: Hochfest der Apostel Petrus und Paulus	Ders., Sermo 295, in natali apostolorum Petri et Pauli, 1f; 4; 7f (PL 38, 1348/52)
6. 8.: Fest der Verklärung des Herrn	Anastasius vom Sinai, Sermo in die Transfigurationis Domini 6–10 (MAH 67, 1955, 241/4 A. Guillou)
8. 9.: Fest Mariä Geburt	Andreas von Kreta, Encomium in nativitatem sanctissimae Deiparae (PG 97, 805/10)
14. 9.: Fest der Kreuzerhöhung	Ders., Oratio 10, in exaltatione sanctae crucis (PG 97, 1018/9; 1022/3)
1. 11.: Hochfest Allerheiligen	Bernhard von Clairvaux, Sermo 5, in festivitate omnium sanctorum 5f; 7; 9f (Bernardi opera V, Rom 1968, 364/8 J. Leclercq – H. M. Rochais) [Bernhard von Clairvaux, Ansprachen auf Muttergottes- und Heiligenfeste, A. Wolters – E. Friedrich (Die Schriften des honigfließenden Lehrers Bernhard v. C. 3. Bd.) Wittlich 1935, 200/10]
2. 11.: Allerseelentag	Ambrosius, Liber de excessu fratris sui Satyris 2, 40f; 46f; 132f (CSEL 73, 270/4; 323f O. Faller) [BKV^1 1, F. X. Schulte, Kempten 1871, 323/422]
Christkönigssonntag (34. Sonntag im Jahreskreis)	I Origenes, De oratione 25 (PG 11, 495/9; GCS 3, 356/9 P. Koetschau) [BKV^2 48, P. Koetschau, München/Kempten 1926, 7/148] II Augustinus, Tractatus in Ioannis Evangelium 115,1f (CCL 36, 643/5 A. Mayer) [BKV^2 19, Th. Specht, München/Kempten 1914, 318/ 23]

Bildnachweis

S. 13: Apsismosaik von Fundi (Rekonstruktion von J. Engemann): JAC 17 (1974), 29.
S. 19: Uta-Codex: Bayerische Staatsbibliothek München (lat. 13601 fol. 2r.).
S. 23: Giovanni Piranesi, St. Paul vor den Mauern, Innenansicht (Kupferstich).
S. 27: Maria und Bileam: Priscillakatakombe, Rom (Loculus 10; Foto: J. H. Parker, um 1870).
S. 31: Bleimedaillon. Foto: Biblioteca Vaticana, Medaglia Inventario 965.
S. 35: Tonlampen mit Christo- und Staurogramm (Tunesien: Musée du Bardo, CMA 1670; Musée de Carthage, IMC 549).
S. 39: Jona als Büßer und Prophet: Katakombe Ss. Pietro e Marcellino, Rom (Kammer 51,1).
S. 43: Grabplatte aus dem 4. Jh.: Museo Paleocristiano, Aquileia (Umzeichnung).
S. 49: Lat. Stundenbuch MS. Perg. V, fol. 89r.: Fürst Thurn und Taxis Zentralarchiv-Hofbibliothek, Regensburg.
S. 53: Deckenfresko der Katakombe Ss. Pietro e Marcellino, Rom (Kammer 17,1; Rekonstruktion von J. Wilpert).
S. 57: Junius-Bassus-Sarkophag, Mittelachse: Vatikan, Schatzkammer von St. Peter, aus: W. F. Volbach, Frühchristliche Kunst, Hirmer-Verlag, München 1958, Tafel 42.
S. 61: Sarkophag der Adelphia: Nationalmuseum Syrakus (Szene unten links), aus: ebd., Tafel 38b.
S. 65: Dombaptisterium Neapel: Mittelfeld des Kuppelmosaiks.
S. 71: Das Abendmahl: Ravenna, S. Apollinare nuovo (Mosaik der Mittelschiffswand).
S. 75: Apsismosaik von Cimitile (Zeichnung von F. Wickhoff).
S. 79: Ijob: Katakombe Ss. Pietro e Marcellino, Rom (Kammer 78,1).
S. 83: Prozessionskreuz aus Hrabová Rotzoko (Ostslowakei/CSFR).
S. 84: S. Giovanni in Laterano, Baptisterium: Musei Vaticani, Archivo fotografico (Nr. XXX,1,27).
S. 91: Silberteller aus Leningrad, Eremitage.
S. 95: Rabbula-Evangeliar, fol. 14 v.: Florenz, Biblioteca Medicea-Laurenziana.
S. 99: Christi Himmelfahrt, Elfenbeintafel, 4./5. Jh.: Bayerisches Nationalmuseum München, aus: W. F. Volbach, Frühchristliche Kunst, Tafel 227.
S. 107: Rabbula-Evangeliar, fol. 14 v.: Florenz, Biblioteca Medicea-Laurenziana.
S. 111: Taufe Christi: Katakombe Ss. Pietro e Marcellino, Rom (Kammer 43,1).
S. 115: Offenbarung an Abraham: Sta. Maria Maggiore, Rom (Mosaik der Mittelschiffswand).
S. 119: Christus in der Kelter: Bayerisches Nationalmuseum, München (Inv. Nr. MA 2729).
S. 123: »lignum vitae«: Hessische Landes- und Hochschulbibliothek, Darmstadt, Handschrift 2777, fol. 43r.
S. 127: Elfenbein-Cathedra Maximians: Ravenna, Erzbischöfl. Museum.
S. 131: Sarkophag mit Traditio legis: Ravenna, S. Apollinare in Classe.